ちくま新書

ビジネスに効くスケッチ

山田雅夫
Yamada Masao

JN263031

1106

ビジネスに効くスケッチ【目次】

第一章
スケッチはビジネスの武器になる

†武器としてのスケッチ

ビジネスでは、まず商品やサービスのイメージを頭に描き、それを企画会議で発表したり、クライアントに説明したり、カタチ（成果）にしたりする必要にいつも迫られます。じつは、ビジネスシーンのほとんどで、「スケッチ」はそうしたメッセージを正確かつ訴求力をもって伝えるための強力な武器になります。本書は読者の皆さんに、そんなスケッチのチカラを身につけていただく目的で執筆しました。

たとえば、企画書のプレゼンテーション資料で、用紙のどの部分に提案メッセージ文をおき、イメージ図をどこにどの大きさで配置するかは、とても大切です。これらは通常、レイアウトの範疇ということになりますが、企画書全体をビジュアルメッセージと考えれば、スケッチの構図の設定と本質的には同じことです。スケッチでもなにを描き、なにを強調するか、それを用紙の中にどのように配置するかを考えながら描きますね。その作業は、企画書のレイアウトづくりと変わるところはありません。

あるいは、近年のビジネスシーンでは、図解による説明や資料作成がとても重要になってきていますね。図解は、文章や数値を図上に展開し、矢印や記号をつかって、関係性をビジュアルに示すことで、よりわかりやすく伝達する方法であると広く認識されています。そんな図解も、メッセージを相手に理解してもらうためのビジュアル表現ととらえるならば、特徴だったところを抽出し、ときには大胆な省略や誇張により描くスケッチと、表現の目的としては共通しているといえるでしょう。

スケッチはビジュアルな手段のひとつではありますが、本書では、通常の絵画のジャンルとしてだけでなく、ビジネスコミュニケーションの手段として、もっと広くとらえたいと考えます。スケッチのチカラがつけば、手軽にささっと絵を描けるという長所はもちろんのこと、イメージをビジュアルにのせてストレートに相手に伝えるスキルになるのです。仕事でも十分につかえるこの手法を身につけない手はありません。

†つくば万博の書類のイメージスケッチ

私は三十代のころに、国際科学技術博覧会（1985年3月〜9月）いわゆる「つくば万博（科学万博、Expo85）」という、やりがいのある大きなプロジェクトに携わりました。私の担当は、会場設計という特殊な仕事でした。

会場設計と平行して、それに関連するさまざまな業務もこなしました。出展要請書という重要な書類づくりもそのひとつです。海外の政府に対して依頼状と資料を送るのですが、その要請書のコンテンツ(中身)の制作にかかわりました。どんな会場の構成になるのか、展示空間はどのようになるのかといったことを、ことばでも説明しますが、もっとも訴求力があったのはイメージスケッチでした。イメージスケッチはそのことばどおり、イメージを伝えるスケッチです。

参考までに、諸外国への要請の初期段階で作成した書類を見てみます。図1、図2がその一部です。

掲載されたのは私のスケッチでした。「国際科学技術博覧会」という、つくば万博の正式名称からもわかるとおり、当時最先端の科学と技術に関する展示がメインです。とっつきにくい科学や技術をそのまま展示しても近づきがたい印象を与えるだけです。会場の雰囲気を伝えるという目的から、いたってユーモラスで楽しい演出の光景にしました。和やかで夢のある会場ですよ、というメッセージをスケッチにこめたからです。

いろいろなことがまだ流動的な、初期段階でのスケッチですから「スケール感が伝わる、開放的な広場を囲む構成であることがわかればよし」と判断し、さまざまな国からの来場者を「主役」にして描いています。

図 1

IMAGE SKETCH

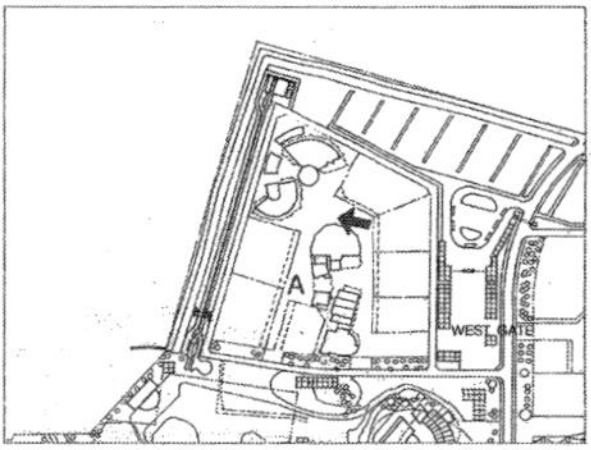

KEY PLAN

A BLOCK

図 2

IMAGE SKETCH

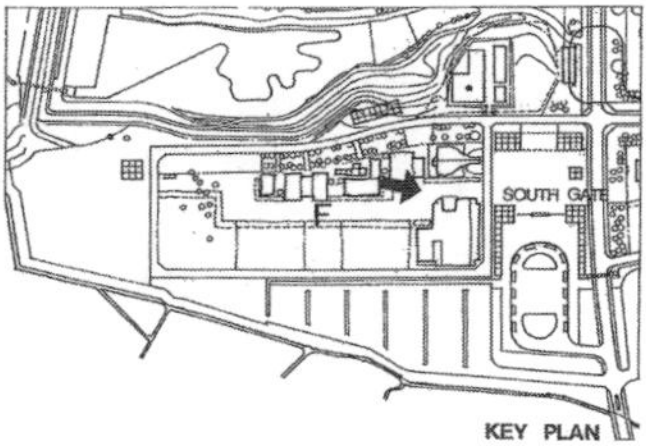

KEY PLAN

F BLOCK

いま久しぶりに見てみると、線そのものは軽やかですが、かなり濃密なドット（点）で面を表現しています。この濃密さが、スケッチ画を強い意志のある表現にしているわけです。まだ高度経済成長が持続する当時の時代性を反映させたスケッチである、と解釈することもできます。

†スケッチで出張準備

本書は、仕事に役立つ部分をクローズアップしているので、私がこれまで書いてきた本よりも堅苦しいと感じるかもしれません。でも、スケッチを仕事にいかせるようになれば、本当に楽しいことばかりです。

たとえば、出張の準備にスケッチを利用します。出張の行程の事前検討です。出張中の行動の段取りをメモに記すだけでなく、スケッチした地図も組み合わせます。自分で描いたスケッチ地図に、必要な事項（訪問・視察先の所在地や連絡先、移動手段、宿泊先情報、予定時間など）を書きこみながら、さらに周囲にある話題のスポット情報も加えるのです。これだけで、机上旅行を楽しめます。

図3は、東北地方の視察出張で、秋田県から青森県にまたがる五能線を利用したときの

スケッチ地図です。海岸の光景や岩木山などを描きこんでいます。三角の記号がありますが、いくつかの駅で列車の先頭車両が最後尾の車輌になるという特殊な事情を、事前に頭に入れておこうと描いた目印です。本当はこの地図の上下スペースに、必要な事項を文字でも書きこみますが、イメージ挿画なのでここでは省きます。

このくらいの簡潔なスケッチ地図で十分ですが、事前にチェックしておくのとしないのでは、実際に出張に出かけたときのとっさの判断にかなり違いがあります。出張先では、予期せぬ事態に陥ることがあります。

以前、私はヨーロッパ出張で、ストによる交通機関の混乱に遭いました。当初予定していないルートで視察を続ける羽目になってしまったのです。そのときも、有益な情報を地図上に描きつつ、イメージをふくらませていたので、冷静に対処できました。そればかりか周囲の魅力的な施設の分布やアクセス情報をあらかじめ知っていましたから、思いがけず、その施設を見学することもできました。

海外でインターネットにアクセスできる時代ではなかったですから、事前の準備と知識なしでは、まず不可能なことでした。

図3

†速描の醍醐味

ちょっとしたメモ用紙と筆記具さえあれば、スケッチはできます。もちろん出張は仕事ですから、プライベートな旅行のように自由気ままというわけにはいきませんが、雰囲気のある光景や題材に出会ったら、2、3分程度スケッチする時間をとっても、決してバチは当たらないでしょう。

誰かに見せるのではなく、あくまで心に留める手段として、手早くスケッチします。所要時間はせいぜい30秒。具体的にお見せしましょう。図4です。記憶にとめることが目的ですから、丁寧な描写には程遠いですが、図4は長くかけたものでも30秒以内です。乗り物に乗っていて一瞬だけ見えた対象などは10秒程度で描いてしまいます。漫然と見ているのに比べて、スケッチすることでその光景が何倍もはっきりと脳裏に焼きつきます。これがスケッチの醍醐味でしょう。

時間が確保できる場合には、もう少し丁寧なスケッチが可能になります。海外の宿泊先にチェックインする際に、ロビーの内外で目にとまったものは面白く、スケッチしやすかったですね。ソファに座ればもっとスケッチしやすくなります。当たり前ですが、仮に外

図4

図5

が豪雨であっても室内なら問題ないわけです。ホテルが、地域性や民族色など特色をうまくいかした飾りつけになっていることが多いのも、スケッチするモチベーションを高めてくれます。目にとまる旅行客なども描き入れます。ただ、じっと人を観察して描くということはしませんから(失礼なので)、あくまで1分以内です。ほとんど一瞬でも、持ち物の種類や大きさから、どういった目的で旅行しているかなどが推理できます。

街角のオープンカフェでは、10分もあれば十分に街並みをスケッチできます。たとえば、近くに八百屋さんや果物屋さんがあれば、店先にどんな野菜やフルーツが並んでいるかで、その国の嗜好がじつによくわかります。

図6

図5はボールペンだけで描きとめています。スケッチしていると、犬をつれて散歩している人も目に入ってきます。どんな犬なのか、その様子なども鮮明に飛びこんできます。……というわけですから退屈することはありません。

ちなみに図6は、耐水性のあるペンと水筆によるモノクロスケッチです。

†スケッチとビジネススキル

本書は、全般的には基本的なスケッチの描き方を紹介しますが、同時にビジネススキルに役立つアイデアを提示します。

まずスケッチの特徴である、対象をしっかり見て、強調して、大胆に省略しながら表現する方法を具体的に説明します。次に、打ち合わせやセミナーのポイントをノートにまとめる際のスケッチの活用方法をお話しします。あるいは、図解などはその代表ですが、ビジネスシーンでいかす効果的なビジュアル表現のヒントについて言及します。

スケッチをつかえば、イメージの提示方法や個別商品の描写方法によって、さまざまな創意工夫が盛りこめます。インプット、アウトプットの両方において、スケッチで重要なポイントを示すという領域は、スキルがある人とない人とで、圧倒的な差がつく部分です。

いいかえるなら、他の人との差をつけたい場合に、大いに役立つ技術です。

また現代は筆記具がじつに多様で、魅力的なものが入手できる時代ですから、スケッチに役立つ筆記具についても紹介したいと思います。

ただ、ビジネスシーンでは、ふだんつかっている常用の筆記具で当意即妙に描かなくてはいけない場面が少なくありません。原則として、あまり特殊な筆記具は除外します。一般的なスケッチでつかうような、やや専門的な画材をつかわずに描ける範囲でのトピックスになります。

第二章

スケッチ眼を養う

——見て、強調して、省略する

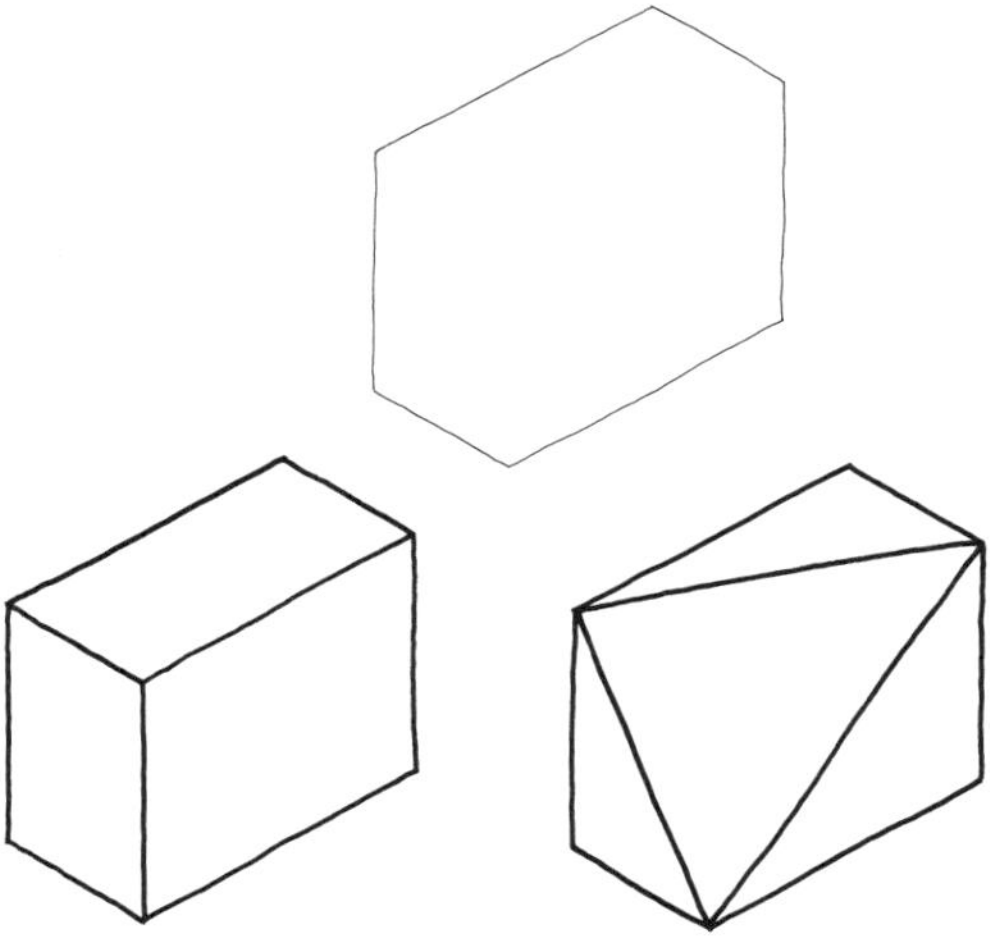

†スケッチする目でモノを見る

第二章では、仕事に密着したスケッチならではの着眼点を説明したいと思います。ですが、その前に、スケッチを意識するくらいのことでも、繰り返して習慣化すると、なにが大きく違ってくるのかを、私の経験からお話ししましょう。

都市づくりや再開発のコンサルティングという仕事の性質から、私は国内外の出張を多くしています。視察や調査などが多いのですが、飛行機や鉄道を長距離で利用します。移動の都合や乗り継ぎの関係から、空港ターミナルビルや駅のホームなどで、時間をもてあますことがしばしば起きます。本を読むのもよいですが、何十冊も持ち歩けません。私は、小さいメモ帳を取り出して、目に留まる景色をスケッチしていました。丁寧に描くわけではありませんが、十分に「スケッチ眼」を養成できます。

もしかすると、空港や駅のホームで目にするものに、スケッチしたくなるような珍しい対象はそれほどないと思われるかもしれませんね。

駅は、列車をちょこっと描いたりする楽しみもあります。あるいはホームに立つと、架線と、それを支える一定間隔で配置された構造物が目に入ります。じっくりと見たことがある方はいらっしゃるでしょうか。

私も、最初のうちはただ暇をもてあまして、それらをスケッチしているだけでした。ですが、スケッチを重ねているうちに、架線の標準構造は共通で、左右の門型の柱の間隔などの違いで変化することなどに気がつくわけです。いつの間にか、鉄骨の部材で斜材がどのピッチで入っているかといった鉄道架線の仕組みを覚えてしまいます。

これこそ、スケッチによる観察力の高度化といえます。スケッチを何度も繰り返すと、ある時期から駅のホームなどでパッと線路を見るだけで、そうした架線にかかわる構造物がどんなふうに構成されているかをつかんでしまえるようになります。そして、いちいち目で確認しなくても頭に入っている感じでスケッチできてしまうことから、描くスピードも早くなります。

†スケッチ眼とは、洞察力

このことをお話ししたのは、みなさん、おそらくだれでも、鉄道のターミナルで、線路にかかる、いかにも電車用の架線や支柱をご覧になっていると思うからです。数え切れないくらい、その光景を見ています。

しかし、です。

どの程度しっかり見られているかは別です。

おそらく、コンクリートとか鉄骨の柱が一定ピッチで並んでいる、という程度の認識でしょう。無理もありません。電車に乗るのが目的なのですから。それ以外に注意を払う必要はないからです。

電車の架線に限らず、スケッチすることでわかる認識からすると、見慣れた光景も、ほとんどゼロに近いレベルの認識しかもっていません。だから、なにか仕事で必要になって観察しようとすると、毎日当たり前に見ているはずのものでもまったく見えていない、知識ゼロだということに驚くはずです。

洞察力を高めたいと思ったら、簡単です。

とにかく、対象物のスケッチをはじめればよろしい。

逆にいえば、何枚か描くだけで、いままで見ていたはずの対象物が、まったく異なる鮮明な姿で見えてくるはずです。これは、スケッチの実力や表現の仕方という話ではありません。つまり、スケッチのチカラは、それくらい大きいと考えてください。

みなさん、だれもがトライすれば一瞬で実感できます。

†仕事のスケッチと一般的なスケッチの違い

では、モノの詳細を観察できたからといって、なんでもかんでも描きこめばいいかといえば、当然のことながらそんなことはありません。仕事では、なにかを記述するにしても、まとめるにしてもスピードが要求されます。

私が勧めるスケッチも、詳細を描きこむのではなく、思いついたときにささっとビジュアルなイメージを定着させるものです。強調するところはしっかり強調し、省くところは徹底して省いてこそ、手早くイメージを定着できるわけです。

「しっかり見て、ポイントを強調して、不要な部分は省略する」という大きな方向は、仕事であろうとなかろうと、スケッチの持ち味をいいあてています。

ビジネスでは、そのスピード感がいっそう求められます。ただし、仕事でつかうスケッチは、一般的なスケッチと比べると根本のところで、内容が少しだけ違う点があります。まず、そのことを述べましょう。少しだけ違う、と書いたように、注意していないと気がつかないかもしれませんね。

微妙ですが、見方によっては大きな違いです。それはなにか。

図7

図7は風景スケッチの一例です。中央よりやや左の一点に全部の焦点が集まって、「奥行き」がしっかり描かれています。家並みなど、広がりのある景色をスケッチすると、歩道に沿って奥行き感の強い構図で描くことができます。

身近なサイズの商品であっても、こうした奥行き表現は可能です。図8に示した四角い箱を見てください。図8のふたつのスケッチは同じ大きさの箱を描いていますが、通常のスケッチの感覚でいえば、下のスケッチのほうが、右上方向に奥行きがある構図で魅力的です。上のスケッチは長辺が平行で奥行き感がなく、やや味気ない表現です。

けれど仕事でつかうスケッチは、図8の下

図8

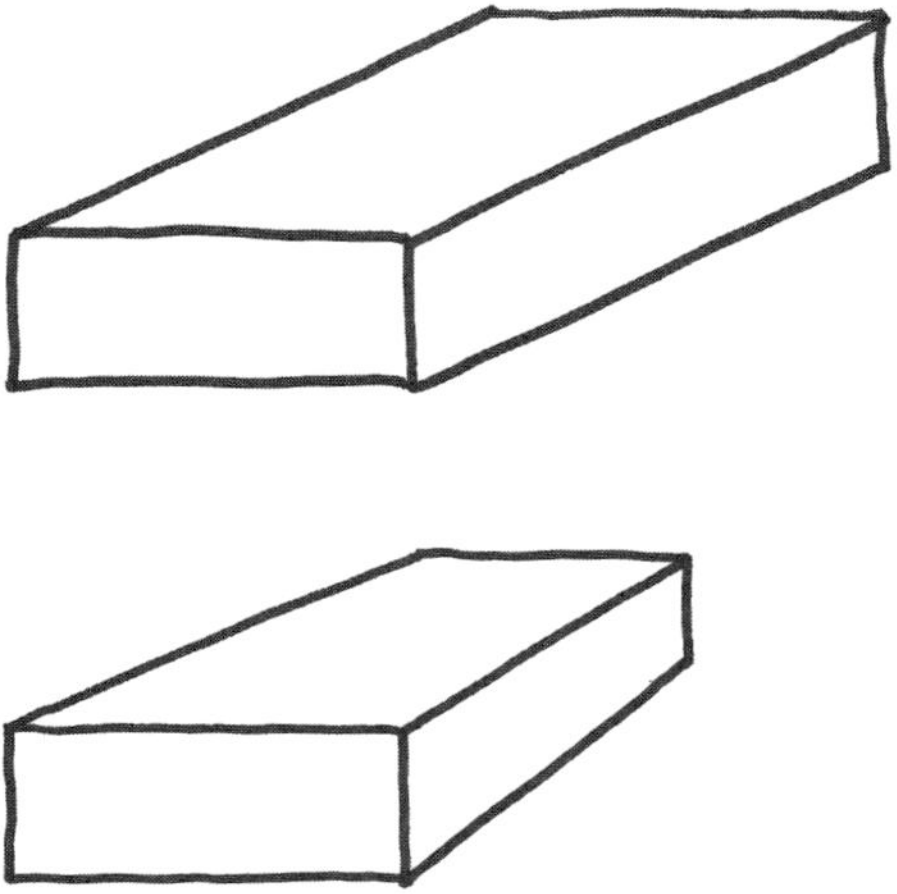

よりも上のスケッチの方がはるかに多いのです。図上に必要な情報を盛りこむためには、現実的な選択であると考えましょう。

仕事のスケッチでは、奥行き表現などあまり反映させないスケッチが多くつかわれることを最初にお断りしておきます。

†ペンの持ち方と角度は文字筆記と同じ

パソコンやケータイが普及する以前にくらべると、実際に手を動かして文字を書く頻度や機会は減っていると思われます。フェルトペンでも万年筆でもいいですが、インクペンによるスケッチは、とくに意識しない限り、一度も試したことがない人がけっこう多いかもしれません。

インクのペンをつかってなにかを書く機会は、宅配便の送票などに氏名や住所を書くといった、ボールペンで文字を書くときがいちばん多いのでしょう。年賀状の宛名書きなら筆ペンか万年筆でしょうか。

このような時代の背景を考慮すると、ペンで線を一本引くにしても単純なカタチを描くにしても、そもそも、どんな感じでペンを保持して書けばよいのかとか、線の引き方の出発点がわからないということも起こりえます。

個人差はあるでしょうが、ふだんのつかいかたで大丈夫です。なるべく疲れないことが大切ですから、スケッチするときのペンの持ち方も、ボールペンなどで氏名を書くときの持ち方に準じてかまいません。紙とペンの角度についても、スケッチだからとくに角度を変えて描く必要はありません。

†文字は右上がり、スケッチは真っ直ぐ

ペンの持ち方や紙との角度は、文字を書くのもスケッチを描く場合も同じだといいましたが、個々の「線の方向」については、同じではありません。ここが注意点になります。たとえば正方形の枠を線で引くのと、漢字で「口」を書くときを想像ください。漢字の

図9

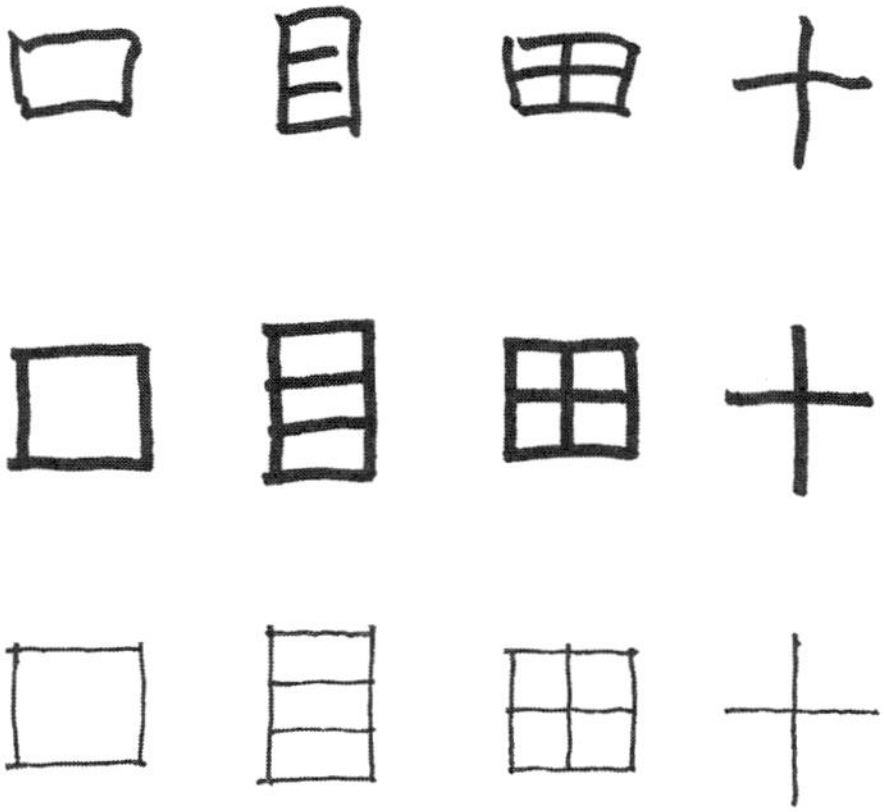

「口」の場合、水平な線は、完全な水平線ではなく、いくぶん（角度にして数パーセント）、右上がりに線を引くと美しくなります。

一方、正方形を表現する線では、向かい合う2本の線は平行であるべきですし、隣り合う線は直交しています。漢字を意識して、上下の2本の線を両方ともいくぶん右上がりの線でひくことは好ましくありません。

垂直な2本の線についても、スケッチでは、平行な線として引くところですが、漢字では、平行であるよりも、間隔が下にむかって幾分、狭くなるように引いたほうが美しいはずです。ことばで表現するよりも、両者をビジュアルで比較しましょう。図9をご覧ください。

上段が、「口」に加えて「目」「田」「十」

の4つの漢字です。基本的な漢字の形状で書きました。

中段と下段は、長方形ないしはその応用の形状です。スケッチの基本的な形状を表現する線は、中段と下段です。中段はやや太い線（サインペン）で、下段はドローイングペンの細い線で引いています。中段、下段の両者でかなり印象が違いますが、縦と横の線の交差が直交するところなど、同じ原則で線を引いています。

上段の漢字を見ると、縦の線はまだしも、横の線は、どの字においてもいくぶん右上がりに引くと美しいですね。この右上がりがいいという漢字の持ち味ですが、スケッチでは頭を切り替えて、真っ直ぐ引いてください。

†スケッチの筆順は外から内

そもそも私たちは線を引くという行為を、あまり意識しないで身につけています。スケッチの線を引くよりも前に、字を書くということで、線描のリズムを覚えます。この〝意識しないで〟身体的に覚えていることが、スケッチを練習するうえでは単純に喜べないことをまず意識してください。

たとえば、図10に、漢字をペンで書くときの書き順を示しました。「巨」「西」「区」の

図 10

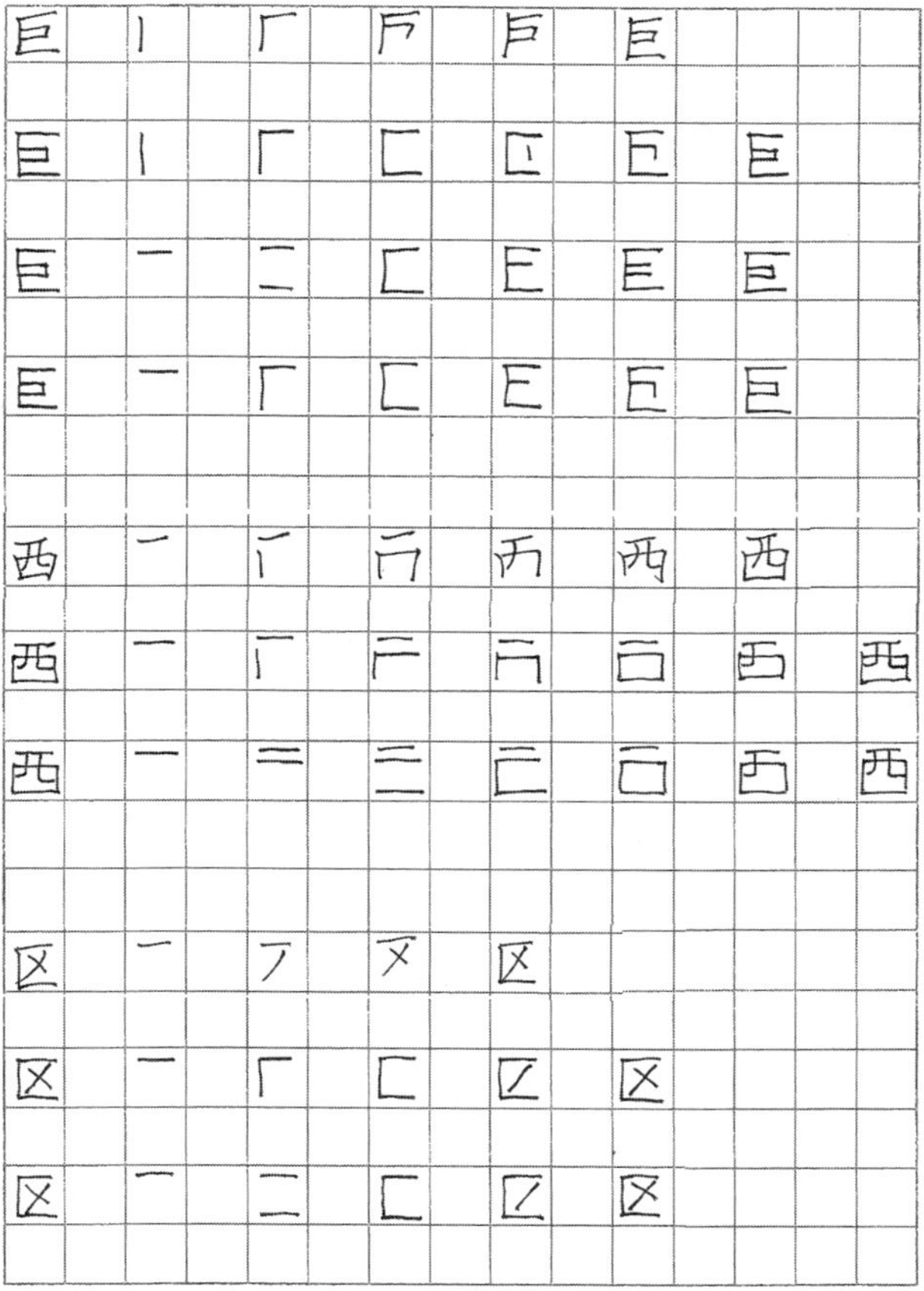

3つの漢字です。どれも比較的単純な漢字ですね。それぞれ、いちばん上の列が、筆順辞典に示されているお手本の筆順です。楷書の書き順は「上から下へ」「左から右へ」が基本です。ほかにも「外から内へ」が基本原理とされています。

私たちは学校などで、「美しい文字は、まず書き順から」と、嫌というほど教えられてきていますので、できるだけ筆順を守って、線や曲線などを組み合わせた漢字を日常的に書いています。文字は、流れるような線の関係性を大切にしますから、それはそれでよいのですが、スケッチで描く対象は、漢字とはやはり違うということです。

スケッチに求められるのは、形あるものは全体の輪郭線をまず的確に描くことである、というのがその最大の理由です。輪郭がしっかり描けたあとに、部分や特定の面を規定する線を加えていく方法が、スケッチの理にかなっています。

モノをスケッチする原理で、「巨」「西」「区」3つの漢字を描くとしたら、どうなるかを示したのが、図10それぞれの文字の2列目以降です。

「巨」の字については、輪郭を形成する線を先に引き、そのあと、中にあるコの字の部分を描くのが、カタチをとらえる基本原理です。3つほど成り立ち得ますが、ポイントは、「外の輪郭を先に、内側は後に」です。

「西」の場合は、一と口のふたつの形の組み合わせとしてとらえ、その中に八の字が入っているると理解します。ということは、漢字の筆順とは違い、口の形と位置を早めに決めるようにします。ここが漢字の筆順と大きく違います。

「区」の場合も同じことがいえます、外側の、コの字を左右入れ替えたカタチを描いたあとに、中にある「メ」を描くようにします。また、外側のカタチの線を引くとき、3つの線をどの順で描くかは、ふたつあります。上から下へ順に描く方法と、まず上と下の水平な線を、まっすぐ引くという選択肢があり得ます。

いずれにしてもスケッチで、カタチのバランスをとりながら正確に線を引くためには、まず外側を描いてから中のカタチの線を引くという順番が合理的です。

†筆記具と線描イメージ

ところで、本書は第一章で述べたように、ビジネスマンがふだん、筆記につかうボールペンやシャープペンシルで引いた線やスケッチを前提にしています。いつも手帳や要点メモに使用して慣れている筆記具で描くほうが、便利に決まっているからです。

ただし、スケッチすることを出発点にすると、また違った展開もありえます。図11は、

図 11

住宅の外観をさらっと描いています。4つとも同じ対象を同じ大きさで描いていますが、違うのは筆記具です。

図11右上はオーソドックスなボールペン、ないしはドローイングペンです。インクの出がとてもなめらかな製品が最近は増えていますから、そうしたペンで描くと、このようになります。

左上は、基本的には同じなのですが、インクの出量が多い水性のペンです。太さによってイメージが違ってきますが、線の黒さが目立ちます（黒インクの場合）。

下のふたつは、ペンではなく鉛筆系です。ビジネスのスケッチでは、鉛筆による即興の線画もあなどれません。

右下は、シャープペンで引いたスケッチです。日常の筆記具で、シャープペンをつかうことの多い方にとっては、この表現は参考になるはずです。くっきりとした線とはいえませんが、鉛筆ゆえ描き損じても消して直せることが長所といえます。

左下は黒の色鉛筆で描いていますが、会社に赤と青以外の色鉛筆を常備する人は少数派かもしれません。

色鉛筆は面を塗りやすいのがウリですね。面を塗りこんでいるので描き方は異なりますが、最初に輪郭線などの線で描写するところは、ほかの3つと共通しているといえましょう。面を塗るとカタチを的確につかめます。ですが問題は、書き損じると消しゴムで消しにくいこと。それと、このくらいのラフなタッチでよいのであれば速く描くこともできますが、線描だけに比べて時間がかかるので、黒の色鉛筆は、ビジネス使用にはやや特殊な場合といえます。

読者のみなさんが、ふだんどのような筆記具を仕事で利用されているかによりますが、ともあれ、線描ひとつとってみても、筆記具の種類によりイメージが大きく違ってくることは知っておいてください。

図11のスケッチを描いたボールペン、水性ペン、シャープペンシルはごくふつうに、ビジネスマンのみなさんが常時携帯しているか、デスクの引き出しのどこかにありそうな筆記具ですが、先にも述べたように、黒の色鉛筆だけは特殊でしょう。仕事では基本的に、図11左下以外の、線描主体のスケッチをめざせばよいと思います。

†線はすばやく引く

ところで本書では、ここまでたびたび「すばやく」「スピード感」などということばをつかいました。これは、ビジネスは時間が勝負という理由からです。

仕事につかうスケッチでは、時間をむやみにかけることは避けるべきだからです。さらに、スケッチもスピードをもって描くほうが勢いのあるいい絵に仕上がります。ペンで引く線のスピードは、速ければ速いほどよいでしょう。

通常は、ボールペンや鉛筆でスケッチの線を引きます。仕事で書類や企画書、手紙を書いている筆記具がそのままスケッチする道具になります。だから、その延長上で描くと、どうしても文字筆記のペース、同じリズムで線を引きがちです。しかし、それだと勢いのある線にはなりません。

感覚としては、早すぎるかなと思うくらいのスピードが、本書が扱うスケッチの、ペンを動かすスピードといえます。

とくにまっすぐな線や、ゆるやかな曲線で途中に折れ線部分などがないものについては、できる限り速く線を引けるようになると、よいスケッチになります。

†とことん省略、でも特徴は残す

仕事にいかすスケッチには、デザインのアイデアを思い浮かべたときのカタチに関わるものもあれば、よりソフトな、装置などの仕組みにかかわるものもあるでしょう。もっと抽象的なことを表す場合もあります。

具体的なイメージが頭に浮かんだとしても、写真で撮影したように、細密で克明なスケッチをする必要はまったくありません。

そのまま描くのではなく、必要なところだけを厳選して描く、です。省けるものはとことん省きます。反対に、強調すべきところは大げさなくらいに描く。強調すべき部分とは、そのモノの特徴にあたるところです。

こうしてできあがったスケッチこそ、仕事でつかえるスケッチです。伝えたい内容が見事に反映され、とても魅力的になります。

省けるだけ省くということは、省ける線はとことん省く、といいかえてよいでしょう。省ける線を徹底的に省いていくと、極論すれば、残るのは輪郭線だけです。

どんなカタチのものも、その外側の線を包みこむように1本の線でむすべば、それが輪郭線になります。直方体などの直交する要素で構成されているモノの輪郭線は、その直交性をしっかり線描する。つまり平行や直交の関係を保てるような線描を心がけるとうまく描けるということです。

理想的には、輪郭線だけで対象を的確にとらえ、しかも特徴と思われる部分についてしっかり描くことができれば、すばらしい仕事スケッチになると推量できます。

†実物と輪郭線のイメージギャップ

では実際に、「輪郭線だけで対象をとらえる」をやってみると、どうでしょうか。うまく描けると思いますか？

これがなかなか難しいのです。

ふつうに描いてもらえばわかりますが、問題はふたつあります。まず、的確に立体から輪郭線を取り出せるか、という作図力の問題が第一です。第二に、輪郭線だけを見て対象の立体を間違いなく類推できるか、という再現性の問題があります。

特徴を表現することと、輪郭線を取り出すことは、そのままではかならずしも一致しません。第二の論点とは、実物と輪郭線だけのスケッチ、つまり対象になる立体それ自体と、その外形線を結んだ輪郭線との間には、イメージギャップが横たわっているということです。図12と図13で簡単にご説明しましょう。

図12には、3つの線画があります。上の、輪郭線だけを表現した六角形の線は、じっと

図 12

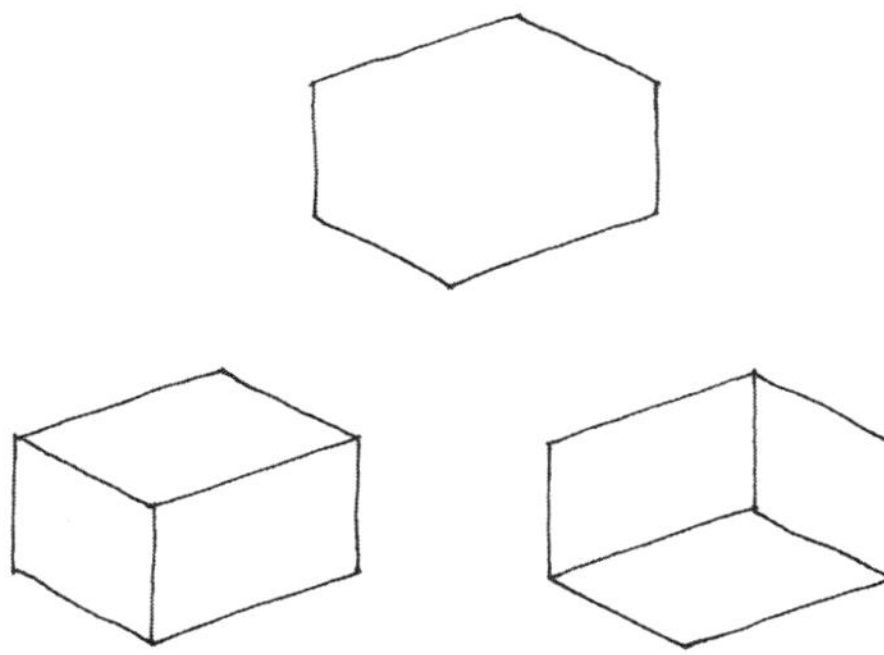

図 13

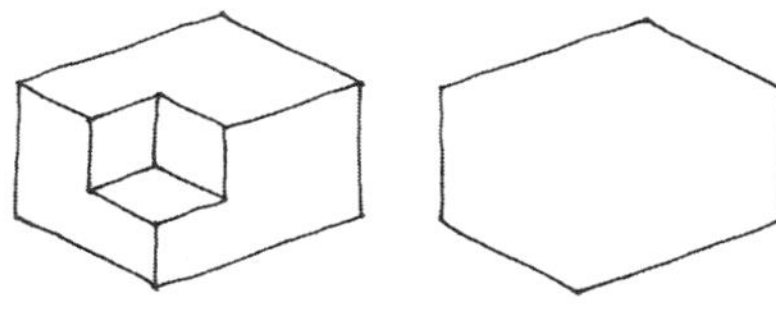

見つめていると四角い箱（らしきもの）の輪郭線であることは類推できます。でも、どのような立体を見て描くとこのような輪郭線になるかは単純ではありません。

図12下のふたつの図は、見ている方向が違うにもかかわらず、輪郭線だけ取り出せば、上の六角形とまったく同一です。このようなことが立体形状と輪郭線との間で発生します。

図13の左は、立体の一部が欠けている形状のスケッチです。さらに、輪郭線の中に含まれる凹凸面の有無は、輪郭線だけを取り出した段階でなくなってしまっています。これも図13の右のように輪郭線だけにすると、図12上の単純な四角い箱の輪郭線と同じに見えますね。やはり、輪郭線から対象を正しく推量できるかというと、否です。

凹凸の多い対象物はとくに、その微妙な違いが、個々の形状の特徴になります。つまり輪郭線よりも、「輪郭線に囲まれた中の線」にこそ特徴が潜んでいるということです。ということは、ある立体の特徴を取り出すことが狙いならば、むしろ、その「凸凹部分」を描くほうが間違いがないということになります。

†省くチカラは、見抜くチカラ

とはいうものの、凹凸を丹念に描くやりかたは、間違いこそ少ないですがスピード感のあるスケッチにはなりません。モノを見て描く場合、見えているものをすべて描かないと、描いた気持ちがしない人が少なくないように思います。まずその固定観念を捨てることが、仕事につかえるスケッチの条件でしょう。

その理由は簡単です。ひたすら見えているもの、凹凸面やさまざまなボタン類、文字盤など描いていけば、いくらでも時間がかかります。果てしなく時間がかかる行為は、ビジネスシーンでは失格ですから。

なので、立体をどの方向から見れば、特徴的な輪郭線になるかをよく検討して確かめることが、スケッチの省略表現にとって、真っ先に重要になります。さらに、輪郭線だけを取り出して、それを特徴づける線で描くには、輪郭線以外の線描もおこなえるチカラを備えていることが前提です。

そのうえで最も特徴的な方向から輪郭線を取り出し、あえて輪郭線以外は描かないという強い意思をもつ人に、理想とされるスケッチが可能になります。

それでは、すばやく輪郭線を描けるようになるには、どうすればよいか。

（1）外形を端的に示す方向、つまりどの角度から描けばそのモノの特徴がつかめるかを即座に見出す

（2）描く線をすばやく選択する
（3）描く線を速く引けるように練習する

の3つです。（1）、（2）などは、まさに「モノの本質をすばやく見抜く」チカラをつけるための練習にもなり得ましょう。

†描く線が少なければ、速く描けるか

描く線を速く引けるように練習する、ということについて、もう少し検討してみます。いっけん簡単そうに見えるもの、たとえば化粧品の容器でも醤油さしでも食器でもいいですが、線の数が10本にも満たないようなものはどうでしょうか。

複雑なものを手早く描こうにも複雑さゆえにそれは無茶と考えるのはふつうです。いくら早く描くといっても、仮に、対象が手のひらにのるくらい小さいのに、描くべき要素が線数で数百になるとしたら、線を引く物理的ストロークの必要から、数十秒の間に描けるとは思えません。このことは、誰しも理解できますし、当然のことです。

けれど、描くべき線の本数が少なかったとしても、すばやく的確に描けるかどうかは、まったく別の話です。つまり、線の本数が少ないからあっという間に描けるに違いないと

図 14

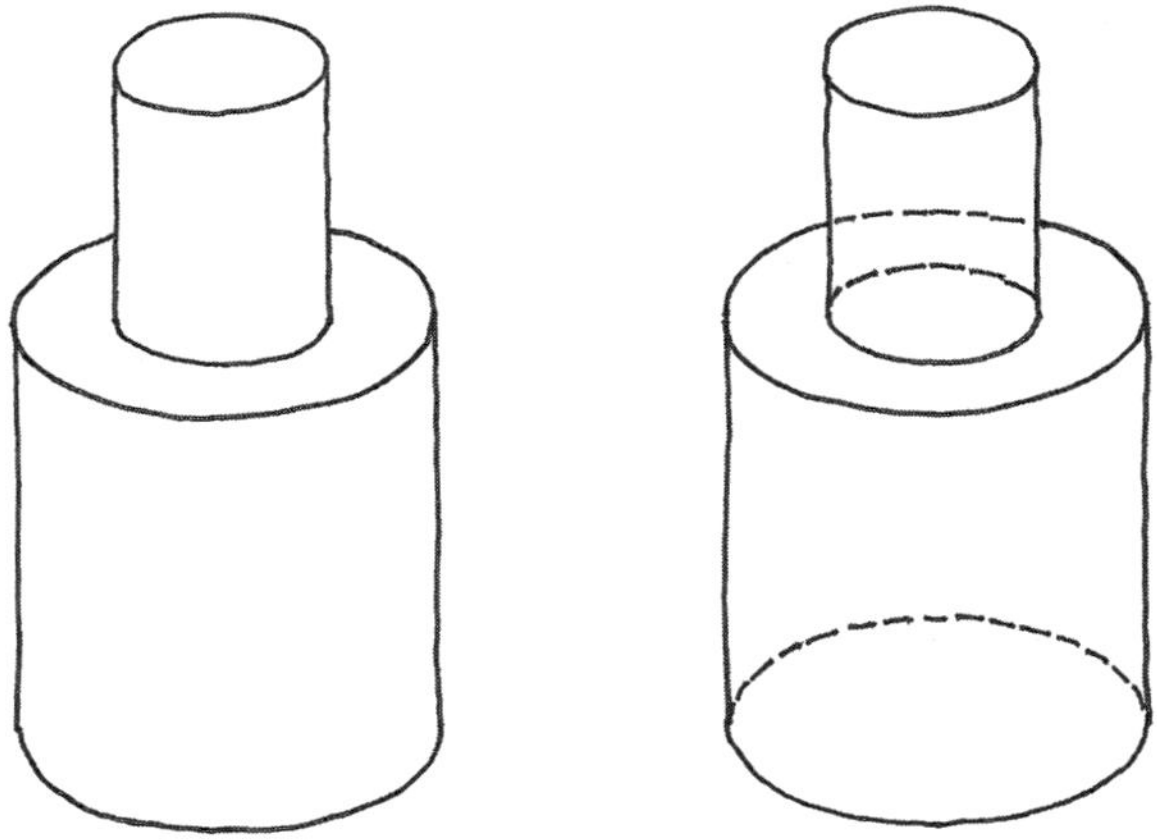

いう思いは、幻想です。

手始めに、最も簡単な立体で、身近な商品にもよく見かける容器を例にしてみます。図14がそうです。キャップがついたさまざまな容器に、このようなカタチは多いですね。大きさの違う2種類の円柱の組み合わせです。特殊な例を除けば、円柱の中心軸は、ふたつの円柱のそれぞれを貫くように通っています。

描くのになんでもなさそうな形ですが、図14左の絵をお手本として紙にボールペンで線描してみてください。小さい円柱が大きい円柱の上に正しく載るように表現できるでしょうか。円柱らしく楕円を描くのもやさしくありません。

図14右の絵は、背後の隠れている線（ここ

図 15

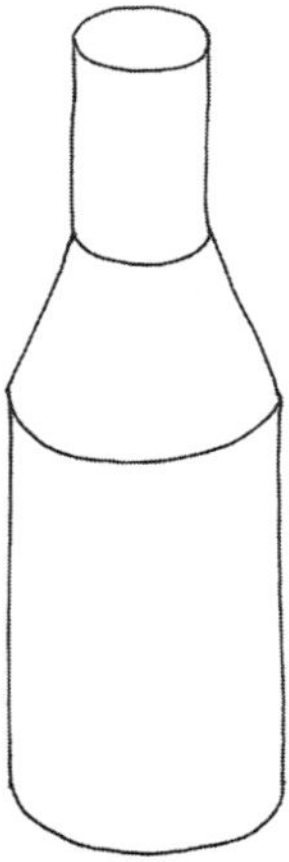

では破線で示しています）も同時に表現していいます。描くのは左側の絵だとしても、右側のように、そうした見えていない線を意識したほうが正しい形状を描きやすいはずです。

†裏側の形状を意識すると描きやすくなる

少し変化をもたせて、ふたつの円柱の間に円錐の変形が入った立体をイメージしてみましょう。原理を理解していただくために微妙な曲面は省いていますが、図15が典型です。これも単純といえば単純な形状で、ワインの容器などに見られます。線の数は少ないですし、見た目にはあっという間に描けそうに思いますね。ところが、基礎練習をしたチカラがあって、はじめて数秒で描けるのであって、

図 16

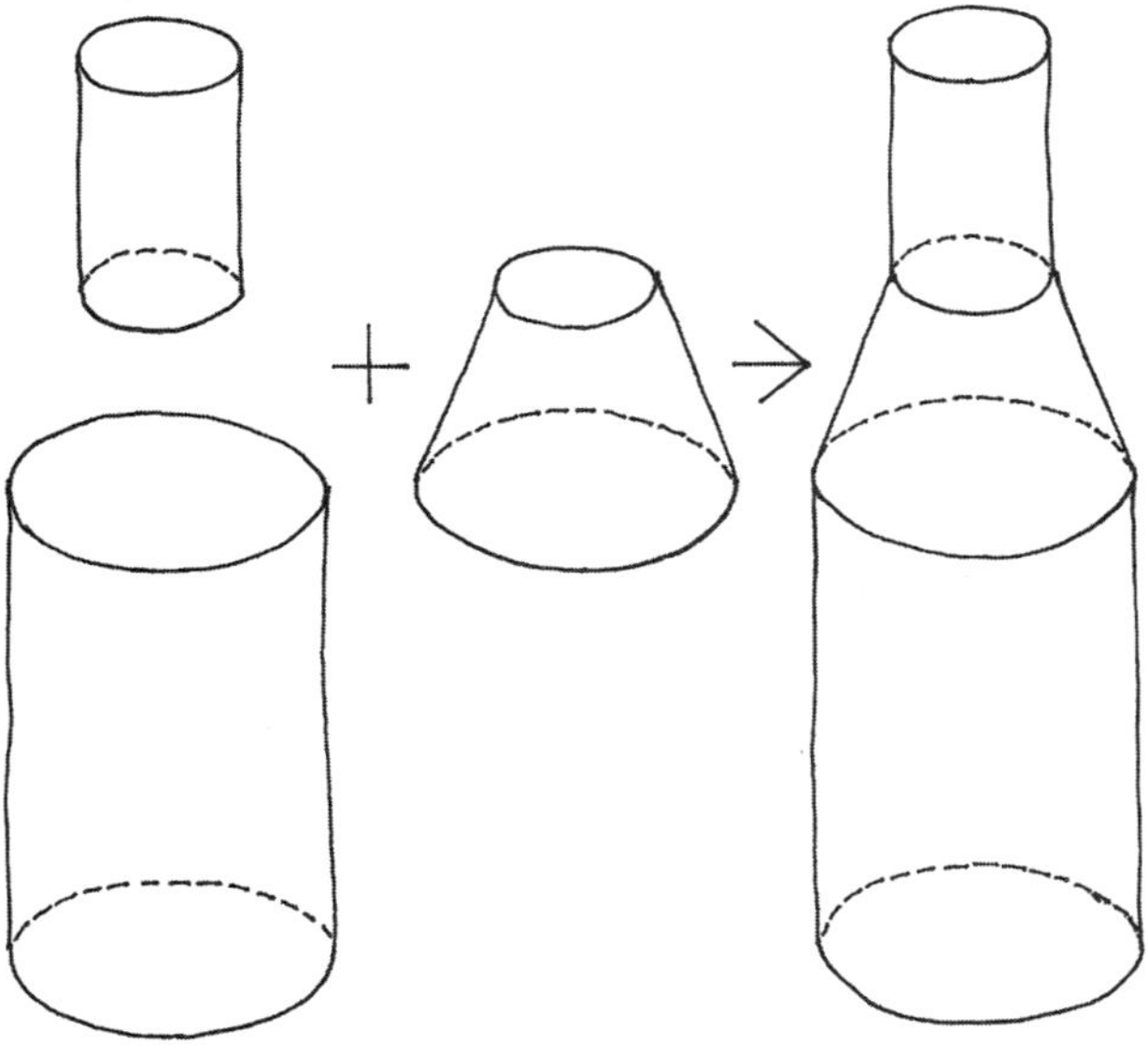

それなしでは描けません。

図15に示した形は、３つの基本形の組み合わさったものです。図16は、その組み合わせを示しています。

大小ふたつの円柱があります。その両者を結ぶのが円錐の変形した立体です。この３つが組み合わさっています。裏側にも見えていない線がありますから、それを破線で加えています。図16右から破線を取り除いて線だけで結んだ形状が図15です。なんとなく曲線に見えている部分も、背後の見えない線をあわせれば美しい楕円になることをわかったうえで描くと描きやすいでしょう。

これらの例を見るだけでも、端正でかつシンプルな立体を線でとらえるには、組み合わせの元になる立体形状をしっかりとらえることが大切であることがわかります。また、見えていない、背後の線をしっかりつかんでおくと、立体の組み合わせや重ね合わせの理解を深められます。

†対象物の特徴をシルエットで表現する

とことん省略した「輪郭線でのスケッチ」の話を続けます。ただし、ここではコインのような厚みのないもの、ほとんど厚みを感じないですむようなものは別にして考えています。コインだと、見る向きがどうであっても、ふつうに輪郭線を引けば楕円形になりますから、特徴を描写するために見る向きを変えて輪郭線を考える必要はありませんね。

立体物を見て輪郭線を引く場合、どの向きでモノをとらえるかにより、輪郭線はいろいろなカタチになります。なんだかよくわからない輪郭線になる場合も少なくありません。そのモノを特徴づける方向から見ると、輪郭線だけでも、見てすぐにそれがなにかわかります。そういった向きから1本の線だけで描いた輪郭線を、「シルエット」と呼ぶことにしましょう。

仕事でつかえるスケッチの省略表現を突き詰めれば、このシルエットになるということです。つまり、シルエットの表現のウデを磨くと、仕事にとても役に立ちます。

シルエットの例として新幹線の先頭車両のいくつかを図17に示しました。全部で9タイプのシルエットで、リタイアした車種も含まれます。新幹線の車輛は、車体の塗りわけのパターンも美しいですし、車種ごとの特徴になっています。けれど、鉄道ファンならば、シルエットだけでもすぐに、どの車種かわかるのではないかと思います。

ぐるりと引いた太い線がここでいうシルエットの線ですが、鉄道に詳しくない読者にも

図17

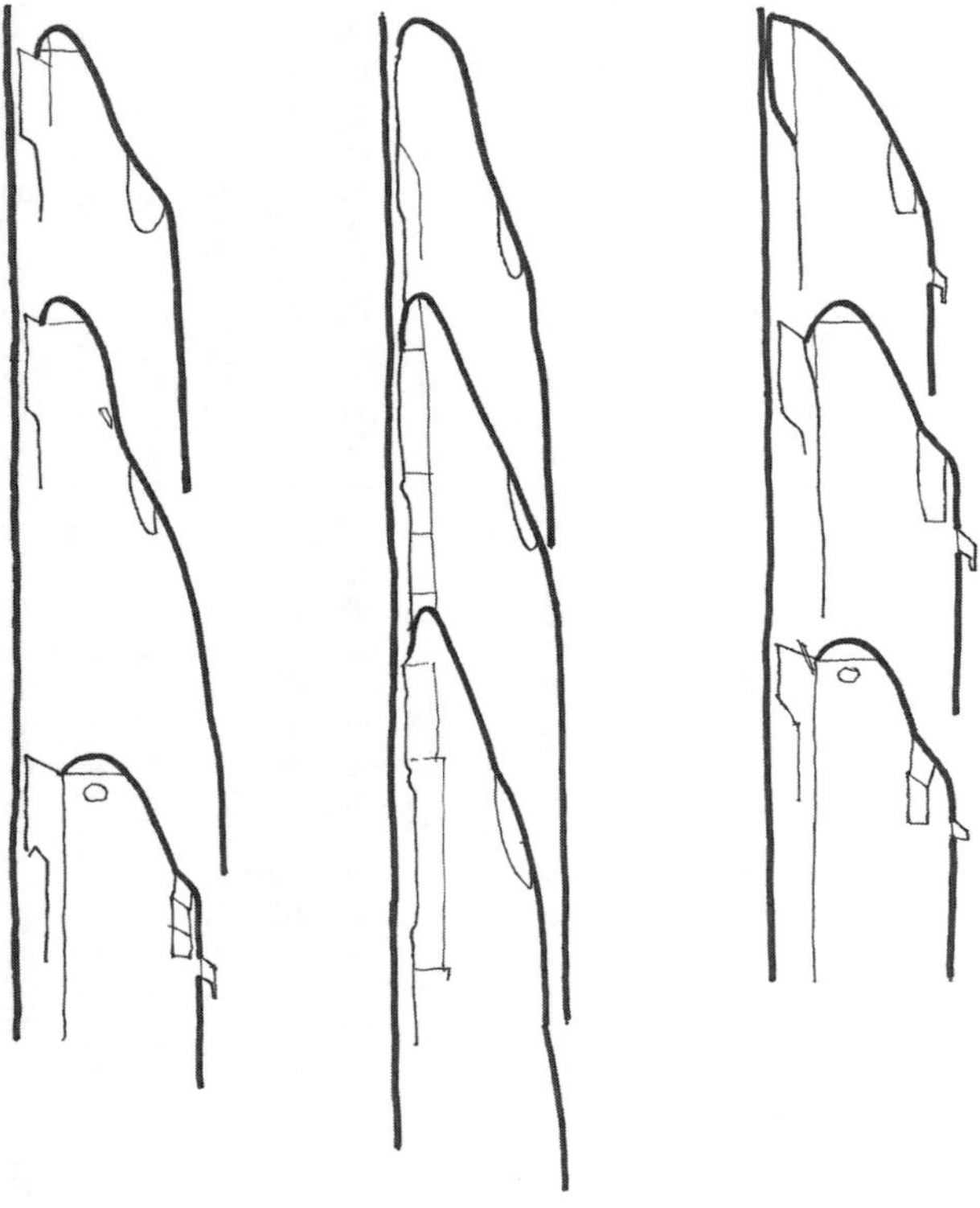

よりわかりやすくするために、シルエット以外の要素も、少しだけ細い線で加えています。窓などの部分ですね。

上段は、左から、300系・100系・0系です。中段はN700系・700系・500系です。下段はE2系・E4系・200系です。

すぐに特定できる輪郭線こそ、シルエットのチカラです。

†シルエットの練習方法

シルエットは、つながった1本の線がつくりだす外形の輪郭線です。複雑な立体物をシルエットでとらえて、的確にすーっと描写できればすばらしいことですが……慣れないとなかなか簡単ではありません。完成したシルエットのスケッチを見る限り、1本の線でさらっと描いてありますし、とても簡単そうに思えますね。ところが、現実にはそうでもないのです。

初心者がシルエット表現を身につけるには、少々コツが必要です。まず、描くのに適した対象は、その立体に正面があることが前提です。図面でいえば正面図と側面図のふたつで描きやすいものであること。そして往々にして側面図にあたる向きで、外形線を囲んだスケッチがシルエットになります。

図17の新幹線車輌も、正面ではなく側面を描いています。1本の線だからこそ、早く描けるわけですが、本物の車輌は、もちろんもっと複雑な立体です。

スケッチ初心者が、シルエットを描くために注意すべき点は3つです。

(1) 正面がどこか、はっきりわかるものであること
(2) できれば、その立体の側面図を入手できること
(3) 同じように、望ましいのは、現物を目にしながら、側面の外形線がどのような形かを観察できること

まず(1)についてですが、側面と正面のどちらがシルエットにふさわしいか、悩ましい対象も少なくありません。かといって正面と側面を同時にひとつのシルエットで描くことはできません。

次に(2)についてですが、ある程度、大型の立体物ですと、全貌をつかむのに苦労することもあります。そうしたときに図面を参考にすると、とても描きやすくなります。

さらにスケッチに慣れるためには、(3)として描く対象物を、撮影した画像ではなく、実物を見て観察できるとよいのです。

このような3つの条件がそろえば、シルエットの表現は、初心者であってもそれほど難しくなく、慣れてくればスケッチの実力がめきめきアップするでしょう。

そもそも、対象物の輪郭線が特徴的であることこそ、シルエット表現の存在価値です。立体物をシルエットに置き換える作業を続ければ、特徴的な立体のカタチをすばやく適切にとらえることができるようになります。あとはコメントの文字との併用で、短時間で効果的なメモやノートが可能になります。

†「面」のシルエット表現

シルエットの表現は、輪郭線に特徴がはっきりと表れていればわかりやすいのですが、モノによっては、輪郭線ではなく、〝面〟が主要な特徴であることもあります。

一例を挙げましょう。デジタルカメラをスケッチするとします。レンズの丸い部分こそがその商品の特徴なのですが、デジカメの外観をシルエット表現すると、その中に見えるはずのレンズは、厳密にはシルエットとしては表現できません。

図18をご覧ください。上が輪郭線だけのデジカメです。これだけではなにを描いているのかわかりにくいと思いますが、下のように、円をひとつ加えただけでデジカメだとすぐ

図18

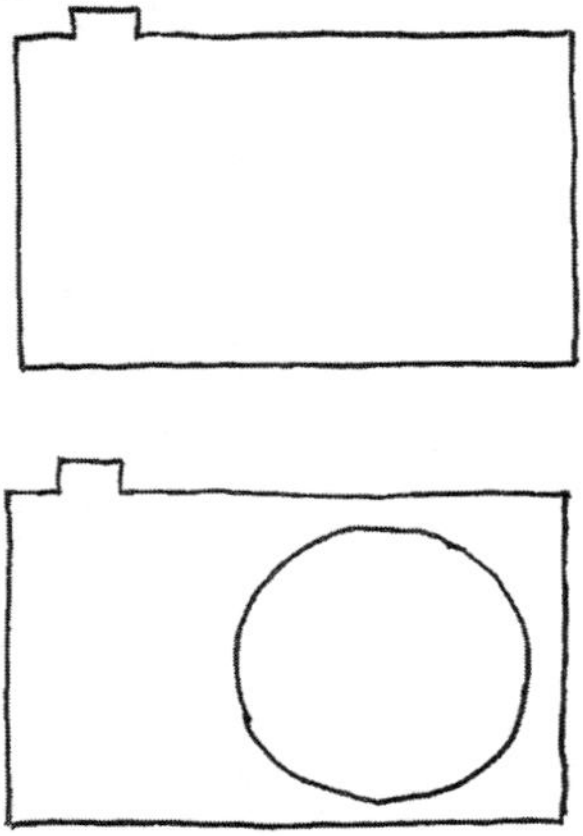

にわかります。

レンズというのはデジカメの大きな特徴です。ですから、輪郭線だけを表現するシルエットであっても、私はシルエットとしてとらえたひとつの面の中に、もうひとつ小さい面があると解釈するようにしています。つまり、シルエット・イン・シルエットですね。図17の新幹線のシルエットでは、細い線で窓を描きました。

ある立体の特徴を取り出すことが狙いならば、むしろ、その「凸凹部分」を描くほうが間違いがないと、図12や図13の説明で述べましたが、それと同じです。図18のデジカメの例から明らかなように、「線」ではなく、「面」でシルエットを表示するほうが、私たちはすんなり理解しやすいという場面は少なくないようです。

ここで、ひとつ重要なことをお話しします。シルエットは特徴的な輪郭線のみで外形線を浮き彫りにする表現として解説してきました。いっぽうシルエットには、影絵のように輪郭線の中を塗りつぶすことにより「面」として領域を示す表現もあります。シルエットと聞くと、後者の影絵風の表現を思い浮かべる方は多いでしょうが、ここまであえてふれませんでした。

仕事につかう表現では、面を塗りつぶすシルエットを、私はなるべく避けるべきと考えています。

その理由を説明する前に、図19をご覧ください。2種類の形状のものを、上段は線だけのシルエットで、下段は黒く塗りつぶした面によるシルエットで示しています。2種類の形状のうち、上は、くり返し模様でできた櫛のような形です。下は、フォークのような形です。

具体的な形だと説明しやすいのでこのような例示をしましたが、線だけのシルエットであれば数秒から数十秒でふたつとも描けるはずです。黒く塗った面の表現の場合は、どのような文具をつかうかにかかわらず、数分以上かかることを覚悟しなくてはなりません。実際に線と面の塗りの両方を体験されるとよくわかりますし、形状にもよりますが、一般的に、面をきれいに塗るのには、線だけの形状表現の数倍の時間がかかるものと考えてください。この例では、ごく一般的な鉛筆で塗っています。

図 19

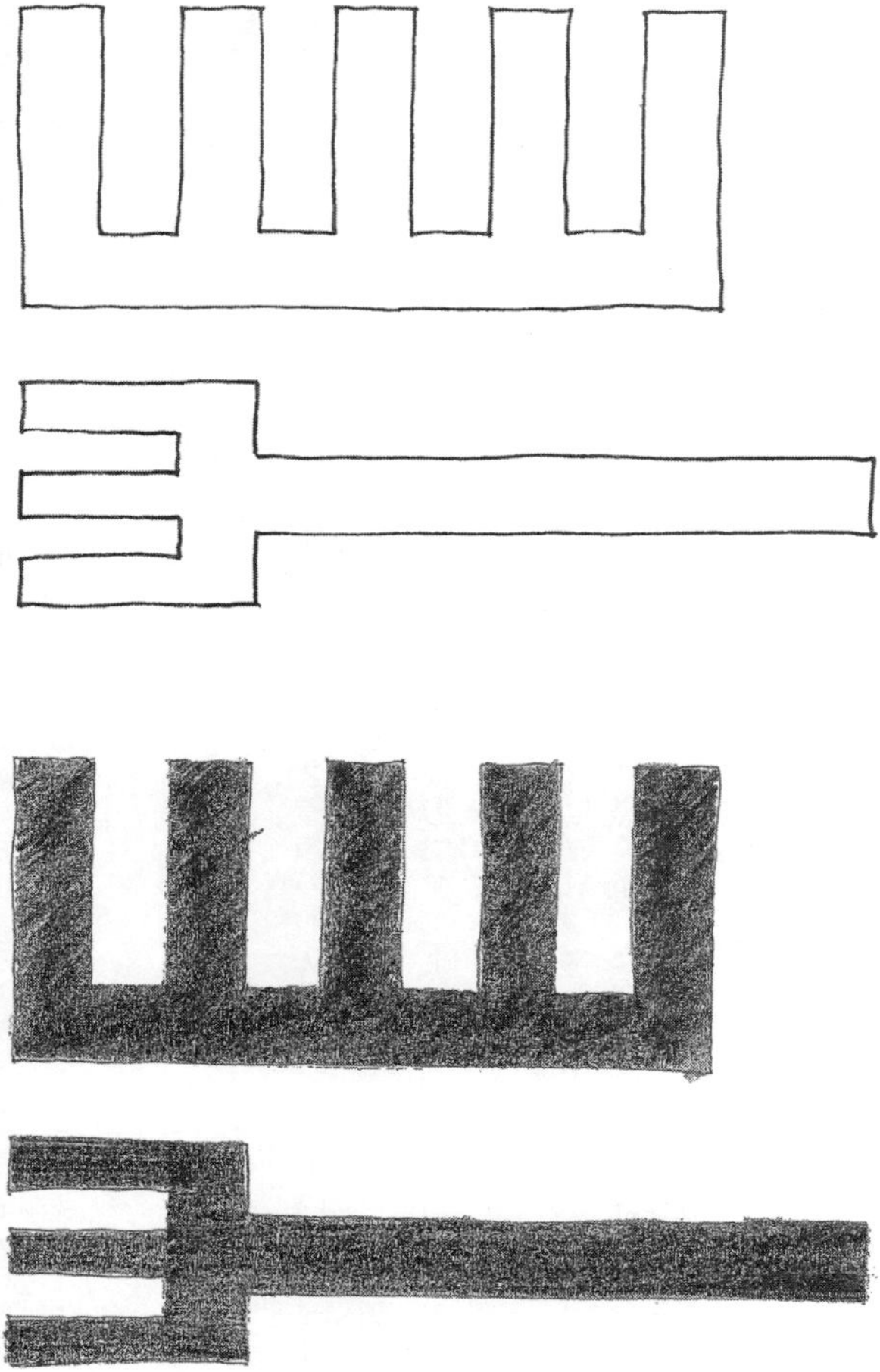

図11の黒色鉛筆も一例ですが、塗りつぶす画材はいくつも選択肢があります。ですが、ビジネスシーンでは話が別です。簡便さを考慮すると、常に携帯しているツールで黒く塗るのはあんがい面倒なのです。直線部分の境目をある程度きれいに塗るには、熟練もいります。かといって、ラフに塗ると相当に見苦しくなります。

費やす時間で判断する限り、面を塗りこむのは、仕事のうえではかなり厳しい評価となります。結論からいえば、シルエットの表現を仕事にいかすためには、特殊な場合を除いて、なるべく「線」だけの表現にするのがいいということです。

†シルエット表現の応用

図18のデジカメのシルエットもそうでしたが、たとえば指輪のような、穴のあいた形状の立体は、外側の輪郭線とは別に内側にもひとつ、輪郭線が必要です。1本では描けません。線が2本いります。

シルエットを描くときに問題になるのは、凹凸の表現がほとんどです。図17の新幹線の車輌で例示したような立体は、全体としては凸のカタチだったからよかったのですが、これがお皿のように凹のかたちだと、シルエット表現はかなり難しくなります。あるいはシ

図20

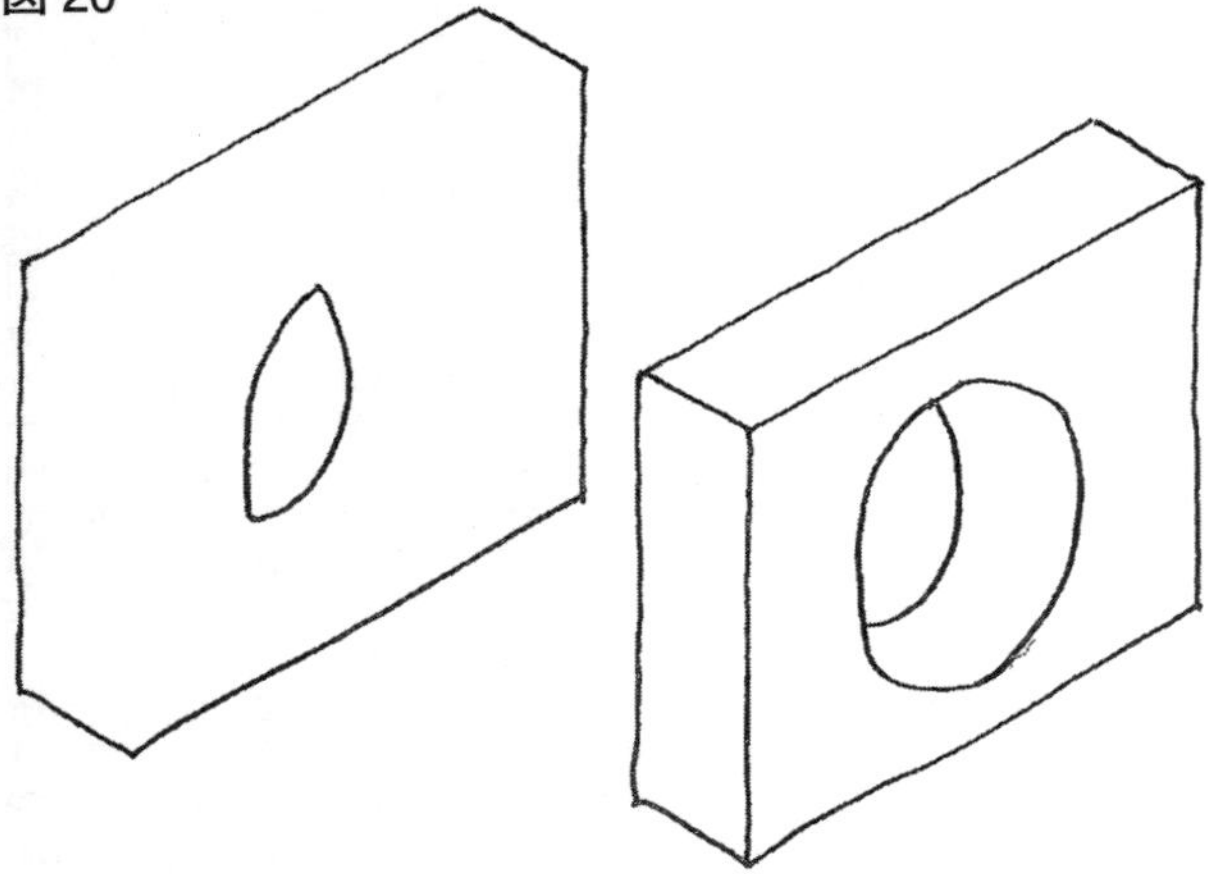

ルエット表現が不可能なことも起きます。

　ここからは、応用になりますが、もし、その凹凸部分がポイントであるならば、線を加えておき、文字コメントを添えるのが有効です。打ち合わせ、あるいは企画会議などでその部分がテーマになったなら、まして省いてはいけないでしょう。メッセージ文を添えて補えばよいということになります。

　図20右は、一定の厚みをもつ、中央部に丸い空洞のある立体を示しています。厚みが一定の場合、空洞が見えている面を正面から見ると、四角い枠の線の内側に1個の円、という組み合わせです。それでは単純すぎるので、この図では、斜めから見て、厚みを表現した輪郭線で表現しています。

左は外形線だけを取り出した描画です。外側と内側にそれぞれ2本の線が見えています。図20左のカタチから右の立体を想像できるでしょうか。……できなくはありませんが、やはり輪郭線だけでは不足といえます。右に示すように立体形状を素直に線描する必要があるでしょう。空洞が複数ある場合には、外形線だけで表現しようとすると線が2本あるいは3本以上になり、シルエットで表現しても、形を正しくとらえにくい場合がかなり多くなります。

これはシルエット表現の限界です。ただし、関係者が立体形状のイメージを共有できているならば、図20左の輪郭線でも立体形状を想像しながら打ち合わせすることは不可能ではありません。仕事の場面では、関係者の情報の共有具合によって省略する度合いが変わってくるということです。

†シルエット表現を実践する

シルエットでとらえること、線と面によるとらえ方の違いなど、スケッチを仕事にいかすうえでの、かなり概念的な話を展開してきました。ここでもう少し実践的な話にシフトしましょう。

例として、「霧吹き」を題材に説明します。図21右上は、シルエット表現のスケッチです。輪郭線をぐるりと1本の線でつなげたシルエット表現です。

先述のように、情報を共有する関係者同士であれば、このシルエットだけで、検討したりコメントしたりすることができるでしょう。ですが、もう少し立体形状の情報を反映させたい気持ちになります。

図21左上もシルエット表現の一種ですが、構成部材の関係を示すように、何本かの線を加えて表現しています。こちらのほうがわかりやすいですね。ノズル部分やレバーなどの部品が明確になります。図面表示でいう立面図に盛りこまれる情報が線で表現されているともいえます。線だけのシルエット表現の、おそらく2倍か3倍の時間をかければ描くことができます。では、左下の塗りつぶしたシルエットはといえば、面を塗りこむのに必要な時間が、線だけのスケッチよりも10倍はかかるでしょう（つかう道具によりますが）。それにこのスケッチをつかって、ほかより有益な打ち合わせができるとは思えませんね。

図21の以上の3点のスケッチでは、立体的な対象を平面的に表示しました。しかし、もともと立体なのですから、スケッチするにしても立体表現できないかと思えてきます。

図21右下のスケッチがそれです。いくぶん、対象を見下ろす構図で描いていますが、か

図 21

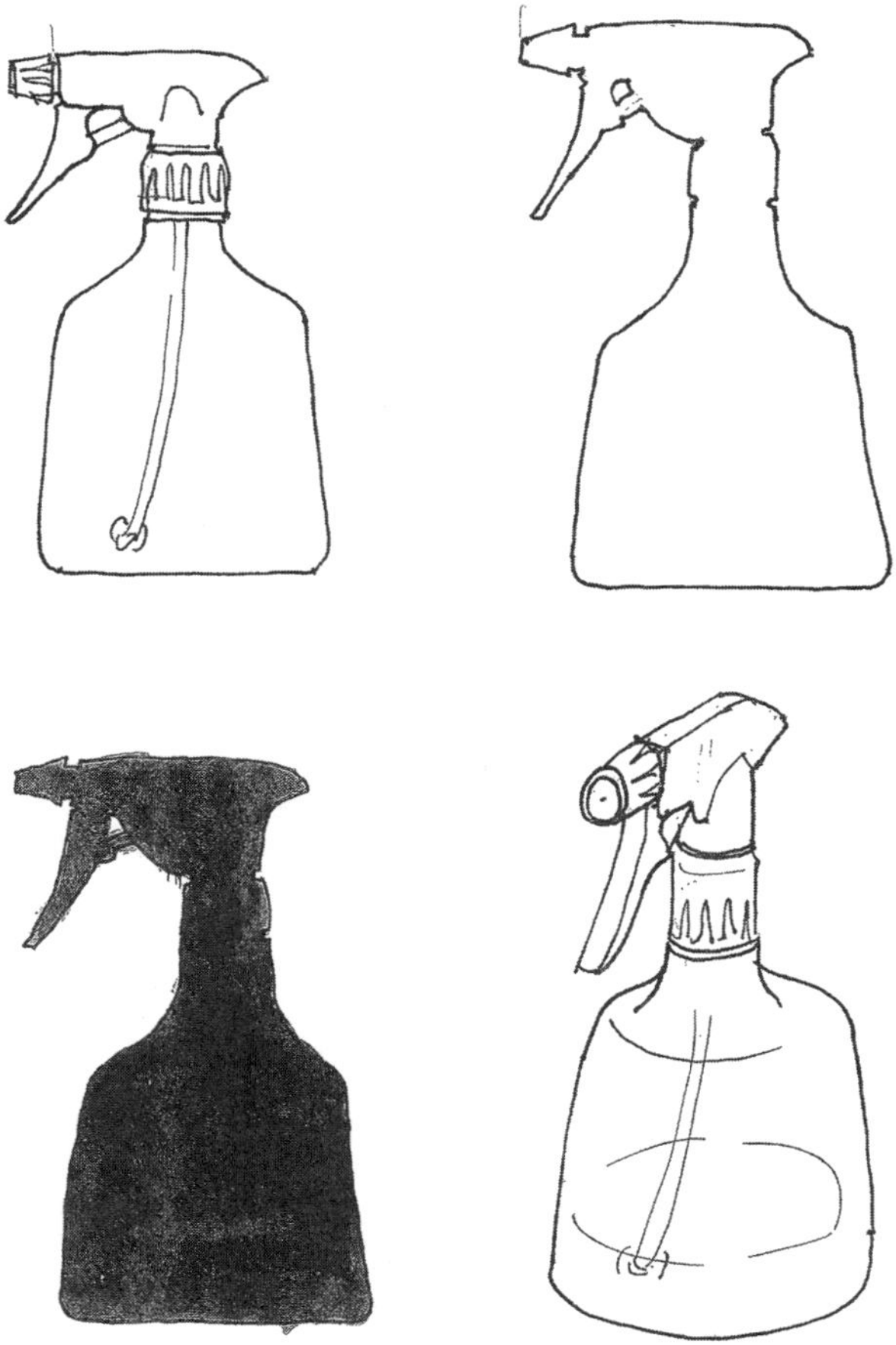

なり立体形状を表現することはできています。ただし、このように立体的に、しかも部分ごとの比率を正しくとらえるには、パーツそれぞれの立体形状を正しく表現できる描写力が必要です。そのうえで、パーツ相互を適切に配置できるかどうかです。

こうしたことは、スケッチをおこなううえで欠かせない基本的な事項ですから、簡略なシルエット表現であっても、立体的な表現をおこなううえでは、それなりに段階をおった練習をおこなうことが望ましいでしょう。

まずは図21の右上にあるような輪郭線のみのシルエット表現に慣れる。次に、パーツの関係性がわかるように、左上のように線を加えていく。そしていずれは右下のように立体的な形状を線で表現できるようになる。このような手順で、より表現力豊かなスケッチのチカラを身につけるとスムーズに上達します。

†シルエットにメッセージ文を添える

もちろん対象物によりますが、シルエットスケッチは習熟するにつれて、ほとんど数秒のうちにペンで描けるようになります。

あとはそこにコメントを添えれば、どの部位が課題であるかとか、打ち合わせではどこについて検討したのかなどが、一目でわかるメモになります。

現実問題としては、メッセージ文はなるべく短いほうがよいでしょう。スケッチの大きさや形状にもよりますが、メッセージ文が長すぎると、読むのに苦労することがあります。文字に注意が向けられすぎては、せっかく添えたシルエットのスケッチも意味がなくなってしまいます。

長めのコメントが必要なら、スケッチには「＊」印などのマークだけを印しておくという方法があります。私は、よくそうしてきました。

これだと、多少長い文章でも、余白や別のペーパーに入れられますし、追加や修正も容易です。メッセージ文がいくつか発生するときには、「＊1」「＊2」のように番号を振るだけで済みます。

必要な情報はパソコンで加えていくという場合にも、もちろん対応できます。手描きのスケッチを取り込んで説明メッセージの文章はパソコンで作成するといった場合に、図版作成用の高価なソフトがなくても大丈夫です。あえて難しい画像処理ソフトなどを駆使して一枚に収めようとしないで、スケッチに記載するコメントを「＊1、＊2、＊3……」で対応させるようにしておけば、それぞれを管理できます。

†基本はフリーハンドで立方体

省略を極めたスケッチであるシルエットの表現をテーマにした話が続きましたが、もっと基本的なスケッチの練習についてふれておきましょう。

まずは、基本的な立体を素早く正しく描けるようになることです。

基本の立体として代表的なのは「サイコロ」です。直線の組み合わせで構成される正六面体、早い話がキューブです。これをいろいろな方向から、フリーハンドで描けるようになることが、まずはなによりも基本の基です。

図22は、キューブをスケッチ風に描いた5つのタイプの姿を示しています。左上のキューブは、見えている3つの面がそれぞれ同じ大きさの場合です。中央にある頂点を基点にすると3つの面の関係は、ちょうど120度ずつずれています。

下の3つのキューブは、見えている3つの面のうち、ひとつの面が正方形であることで共通しています。左下のスケッチでは上部に、真ん中と右下のスケッチはそれぞれ手前にありますね。

ただ、ふつうに立体的なキューブとして描くなら、図22右上のスケッチのように、もう

図22

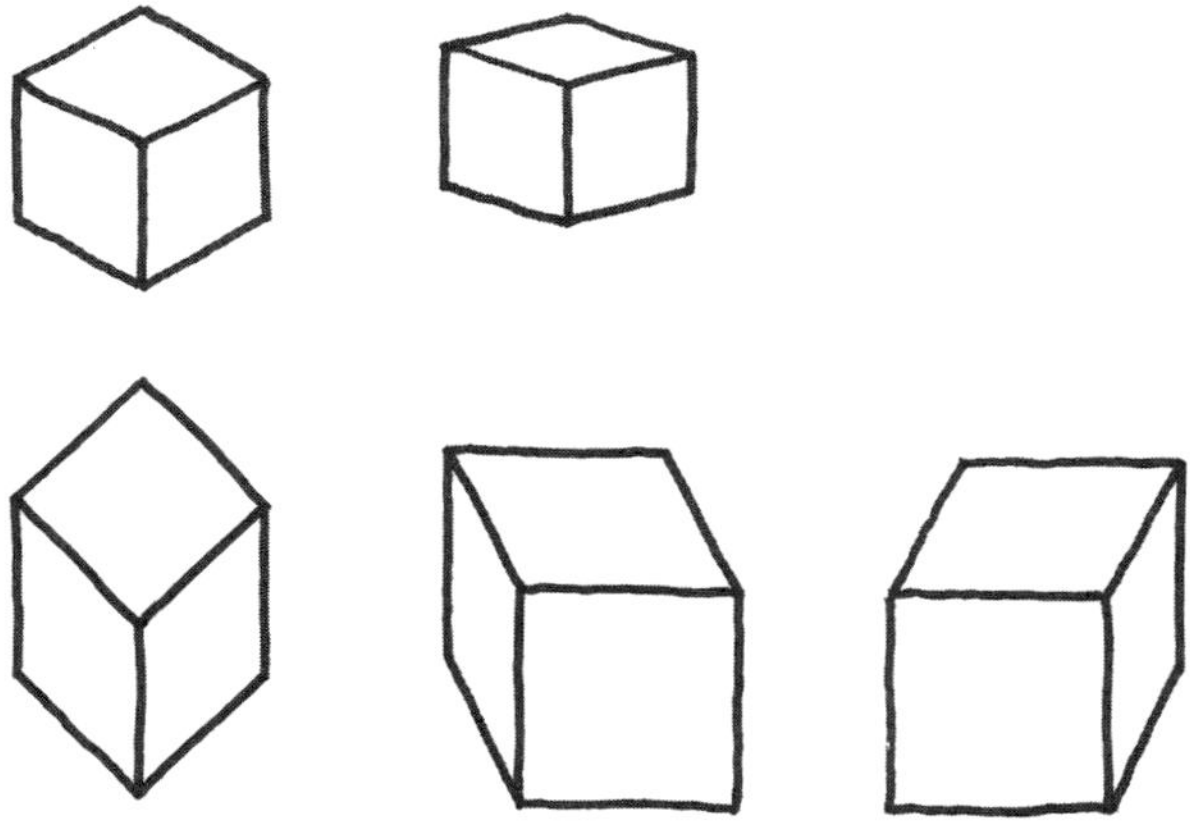

すこし水平に近い視線で見た構図のほうが自然かもしれません。

この5つのタイプのいずれにも立体の後ろ側に、面と面の境となる線があります。図22だけを見ていると意識しにくいですね。それらの見えない線を破線で入れてみると、図23になります。立方体を、ガラスやアクリルなど透ける素材で制作すると、ちょうどこんな感じに見えるはずです。

これらの5つのタイプの立方体を、メモ帳や手帳の余白部分でかまいませんから、ちょっとした合間にスケッチする習慣をつけることが、立体を表現するうえで大きなチカラになります。やはり、ふだんからのトレーニングに勝るものはありません。

図 23

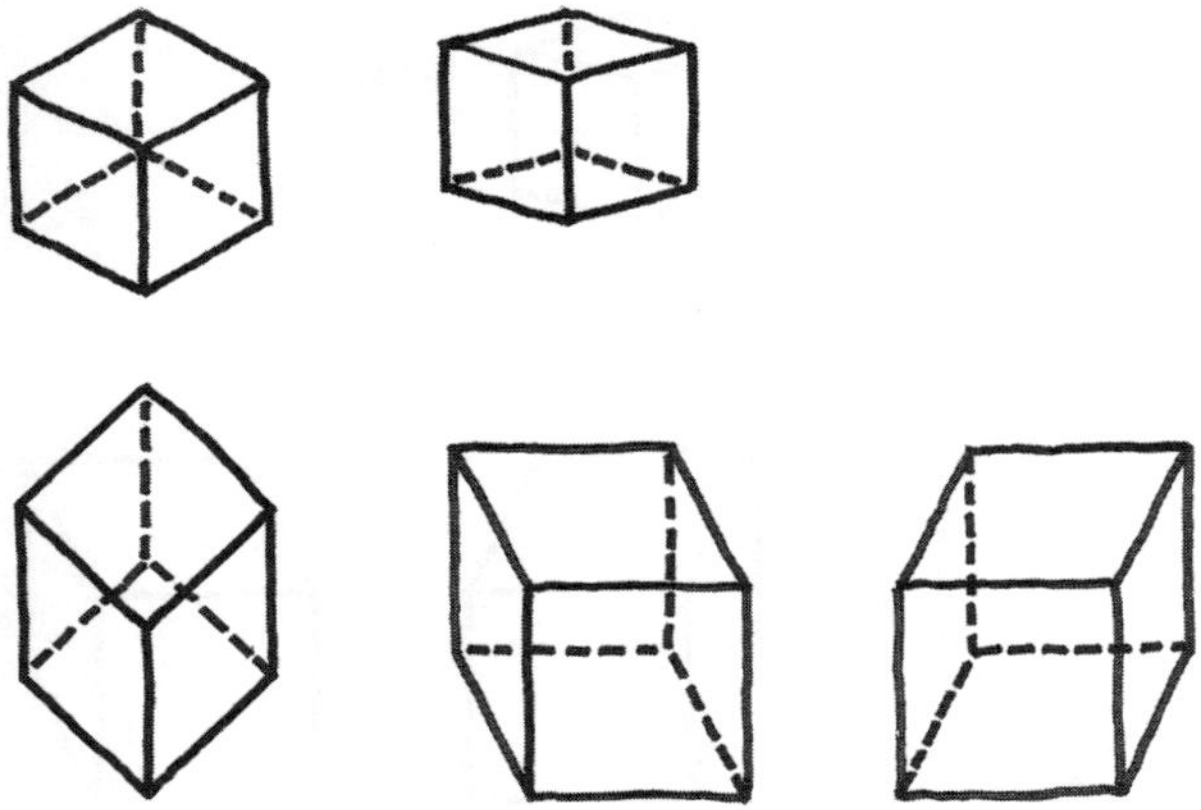

なお、図22に描いた5つのタイプとも、平行な関係にある線は、スケッチにおいても平行に引いて描いています。平行なわけですから角度が共通なので、「等角図法（または、正角図法）」といわれる技法のグループに入ります。

もし、スケッチで奥行き感を伝える表現にするならば、それぞれ4本の平行な線が平行でなくなりますから、これらの5タイプのいずれでもない表現になります。仕事につかうスケッチでは、簡便さや大きさの適切な表現を重視しますから、まずはここに示すような5タイプの立方体の表現に慣れましょう。図8の説明でふれた「仕事につかうスケッチでは、奥行き表現などあまり反映させないスケッチが多くつかわれる」とはこのことです。奥行きのある立体の表現は、これら5タイプをマスターしてからでも遅くはありません。

†より実践的な直方体

立方体を描く練習の次は直方体です。商品企画や具体的な製品の検討の場面で、商品の縦横高さがいずれも同じ寸法ということはあまりありません。一般的に箱状のモノは、ほとんど直方体です。そのため、直方体も繰り返し練習して身につけたい基本形です。立方体に比べて、直方体はより実践的な基本立体といえます。

図24に、直方体の形状描写を立方体(図22、図23)にならってフリーハンドで描いてみます。一応、どれも厚みの2倍が短手のサイズ、その2倍が長手のサイズ、という約束で描いています。「自分が描くとしたらどれが描きやすいだろうか」と考えながらご覧いただくと、問題意識が深くなり、上達が早まります。

さて、「四角いモノ」は立方体と直方体のトレーニングでよいのですが、丸みをおびた立体はどうでしょうか。

比較的よく描く機会があり、丸みがある立体の基本は、円柱とある種の円錐です。まず

図 24

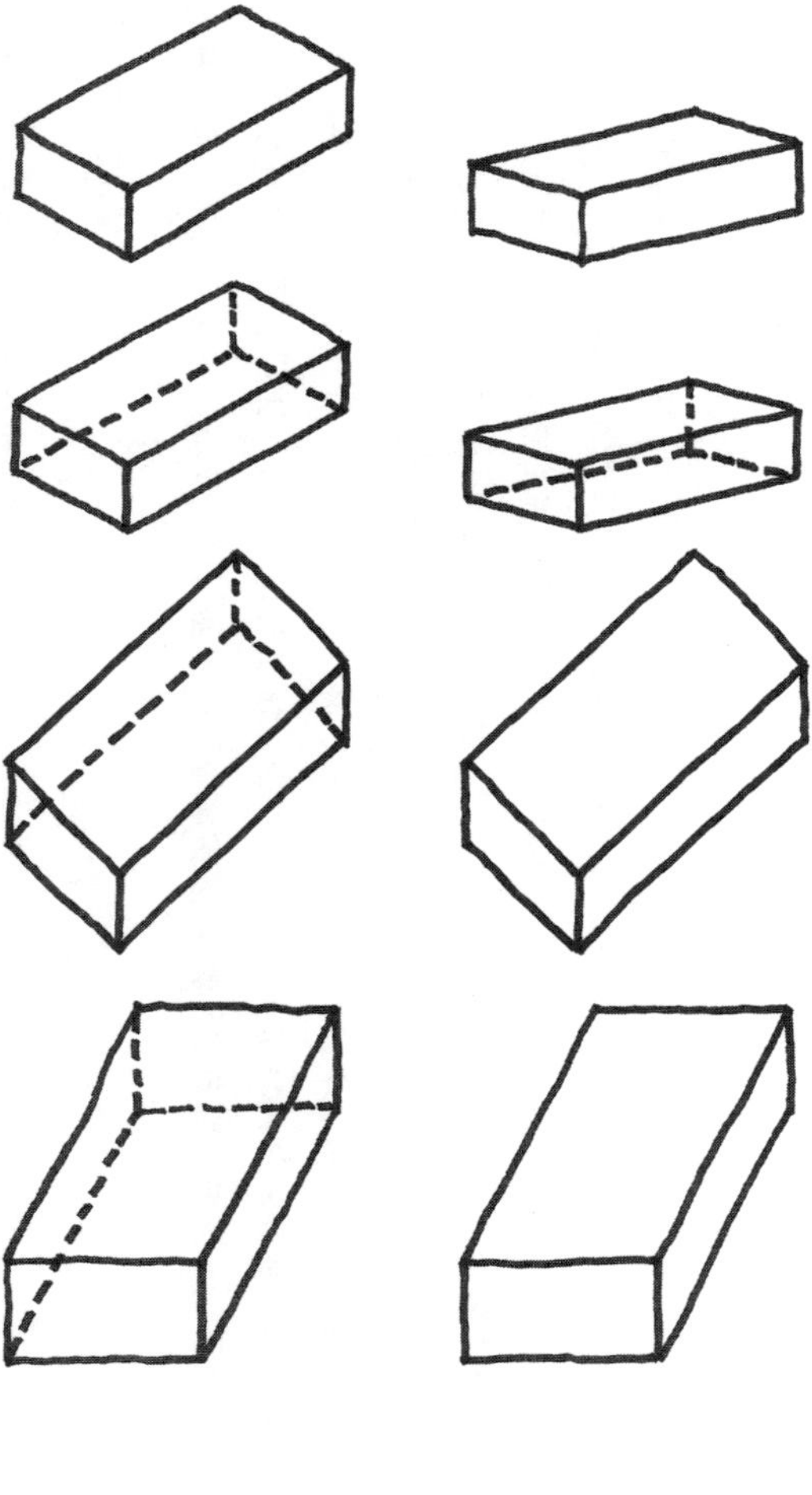

は、楕円形を描く練習をします。それからその楕円形をたよりに、繰り返し円柱や円錐を描きます。

スケッチのペン運びをマスターするために練習するならば、難しいカタチに時間を費やすよりも、まずは少しでもあいた時間に、立方体、直方体、円柱、円錐という、これら基本の図形を繰り返し描いているほうが、ずっと上達は早いでしょう。身の回りにあるモノのほとんどは、それらの組み合わせで構成されているからです。

基本の立体を描いているうちに、スケッチする習慣も身につきます。基本図形をある程度身につけてから、複雑な形にステップアップする。すると、スケッチのチカラが見違えるほど上達していることに驚くはずです。

†基本の形から美しい図解へ

これらの基本の図形は、ビジネスでとても広く応用できます。スケッチそのものではありませんが、まず図解が自在にできるようになります。

打ち合わせや会議、発表の場で、即席で図解による説明をしなくてはならなくなったとします。こうしたときに、たとえば同じ大きさの楕円をいくつか描いて、それらを適切な矢印で結ぶことができれば、見た目にも美しいですし、相手に与えるインパクトは大きなものになります。

図25はフリーハンドで描いた図解の例です。４つのモノの関係を図にしています。楕円の中に入れるのは、商品名でもジャンル名でもいいですし、サービスなどの説明ならばキャッチコピーを入れてもよいでしょう。文字の大きさは、楕円の大きさにあったものであることが条件です。

矢印をかねた四角い箱の配列も楕円と同じように、図解ではよくつかいます。

図26も同じようにフリーハンドで描いています。たとえばリサーチの手順と進行スケジュール表をかねたグラフなどによく見られる図解です。楕円から五角形に、枠が変わっています。

この五角形は、矢印として活用できますね。その中にメッセージも入れられます。矢印になる五角形を美しく描くには、まずはちょうどいい大きさの長方形を描けるようになっている必要があります。その長方形の変形として、図26の五角形のような先端をつけて描く練習をするのが望ましいでしょう。

図 25

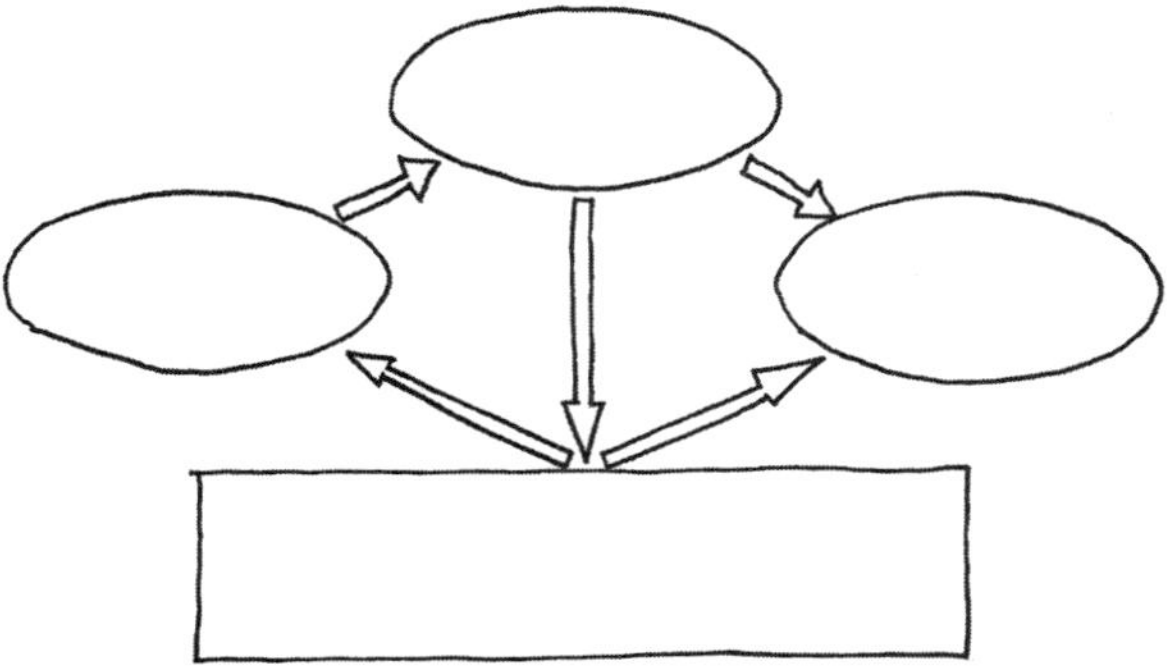

図 26

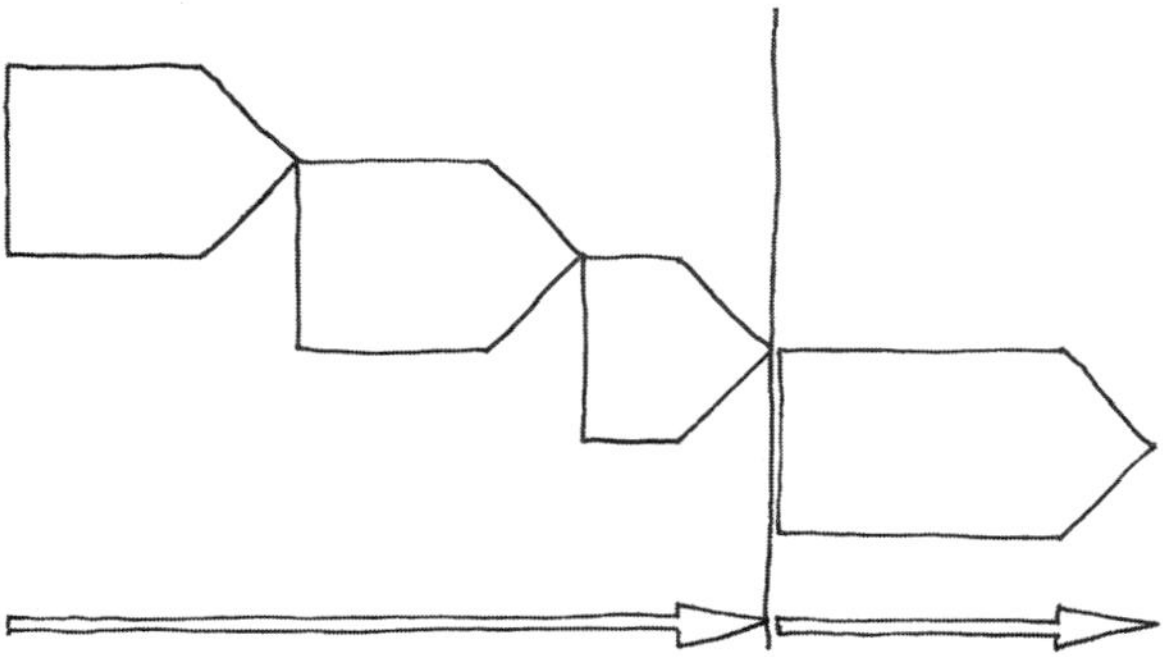

†真円はなかなか難しい

基本の図形を繰り返し練習しておくことの重要性は何度も強調しておきますが、とはいえ、ビジネスマンはとても忙しいものです。みなさんさまざまな課題を抱えています。時は金なり、です。あれもこれもと最初から欲張っていては、なかなか「スケッチのチカラ」を実感してもらえないかもしれませんね。ですからまずは、練習する構図、形を絞ってみるということを考えてもいいかもしれません。

基本である立方体や直方体を美しく描くには、まっすぐな線を引けることと、直交する線を引けることの両方が必要です。ふだんから意識して、そうした線を筆記具で引いて練習しておくことが望ましい。そのうえで、さらに曲線までも広げられればよいですが、時間の制約を考慮すると、無理して急ぎすぎないこともひとつの判断です。

真円（正円）、つまりまん丸は、じつは描くのが難しい形です。

たとえば、Aというグループと B というグループがあり、AとBの両方に共通するCというグループについて説明したいとします。こういうときの説明は、ふたつの円による図解がもっとも適した例でしょう。AとB、ふたつの円が重なるように描き、重複部分がC

図 27

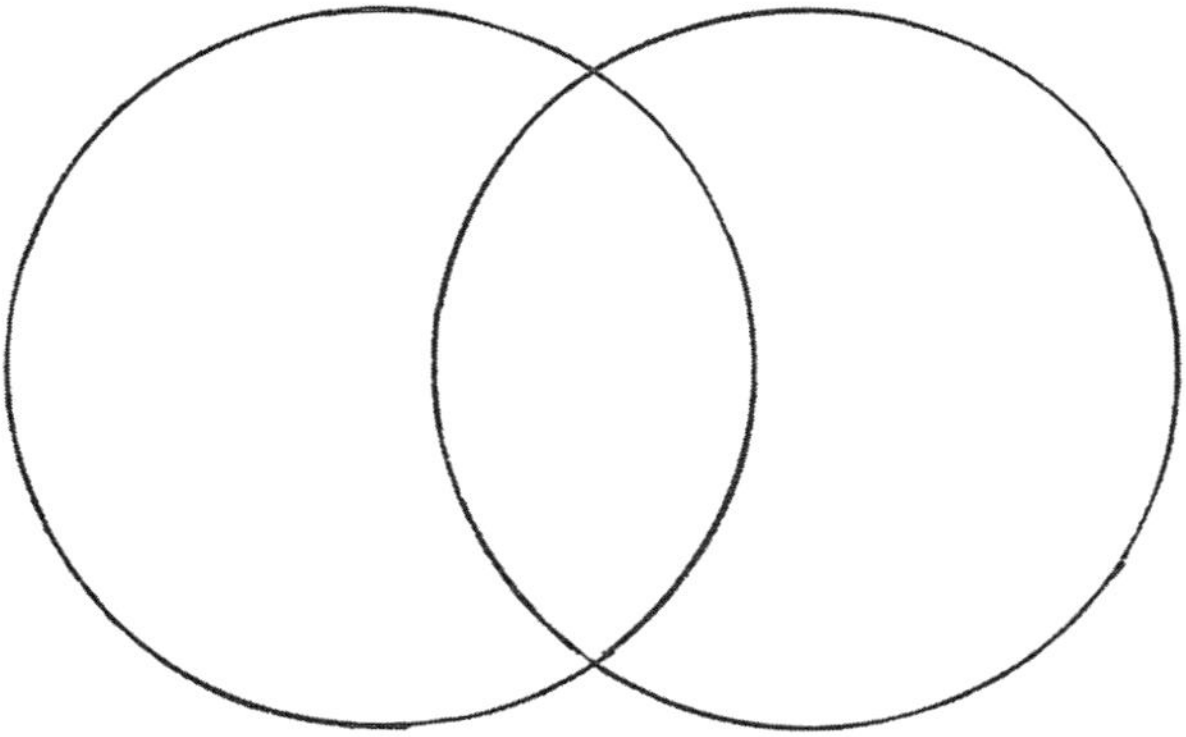

であると説明します。重なりの大きさがCのボリュームを表します。

ですが、フリーハンドできれいな円をふたつ描くのは思いのほか難しいのです。なので、まだまだきれいに描けないなら機転を利かせます。手近にある容器の底かキャップをつかい、それを定規にして、円を描けばよいのです。

フリーハンドで描けなくても、なんとかなるものです。図27は、化粧品のキャップをつかって、数秒でふたつの円を描いています。コンパスがなくてもこの程度の円ならば、なんなく描けます。

柔軟な対応は表現を豊かにし、スケッチがどんどん楽しくなってきます。スケッチが楽しくなってきてから、より複雑な形を描く練習に入るというわけです。

商品スケッチで省略してはいけない部分

いろいろな立方体と直方体がフリーハンドで描ければ、それだけでも仕事のスケッチでは、大きなアドバンテージになります。けれど、商品などのモノを描く場合に、ひとつ注意すべきことがあります。それは角（コーナー）の処理です。カタチを適切にとらえる際にネックになるのが、このコーナーの表現でしょう。どういうことか。

工業デザインをする方なら、もちろんよくおわかりだと思います。商品のカタチは、コーナー部分の扱いが大きなポイントになります。

ケータイやデジタルカメラなどの小さいモノから家具やクルマなど大きなモノにいたるまで、身近な製品は、コーナーが丸いほうがむしろ一般的です。コーナーがとがっていると、デザインとしてはシャープでかっこいいかもしれませんが、ぶつかったりすると危険なため、丸く収める必要があるのです。そこに注意をしていない商品は片手落ちです。

スケッチの際も、コーナーの描写をおろそかにしてしまっては、製品スケッチの役割が果たせたとはいえません。つまり、ラフにスケッチしておこうとするときでも、商品のコーナーを省略してはいけないのです。

カタチを線に置き換えるとき、丸みのある部分は、線で引ける境目が見つかりません。ふたつの面が交わる部分に丸みがあると、線でその丸みを伝えることが困難です。かといって、なにも描かないでおけば、その部分は、カタチがどうなっているのかわからない羽目に陥ります。

それでは、丸みを帯びたコーナーを描く方法です。

実際には丸みを帯びているけれども、まずはコーナー部分に丸みがないものと仮定して、直線同士の交点を入れるように「補助線」を描いてしまいます。そのあと、その線と接するように、ささっと円弧を加えておけばいいでしょう。これで丸いカタチも伝わりますし、なめらかさの度合いも同時に表現できます。「丸みがないときには、ふたつの面が交差しています」と説明しているようなスケッチ表現です。図28は、こうした工夫の例です。

図 28

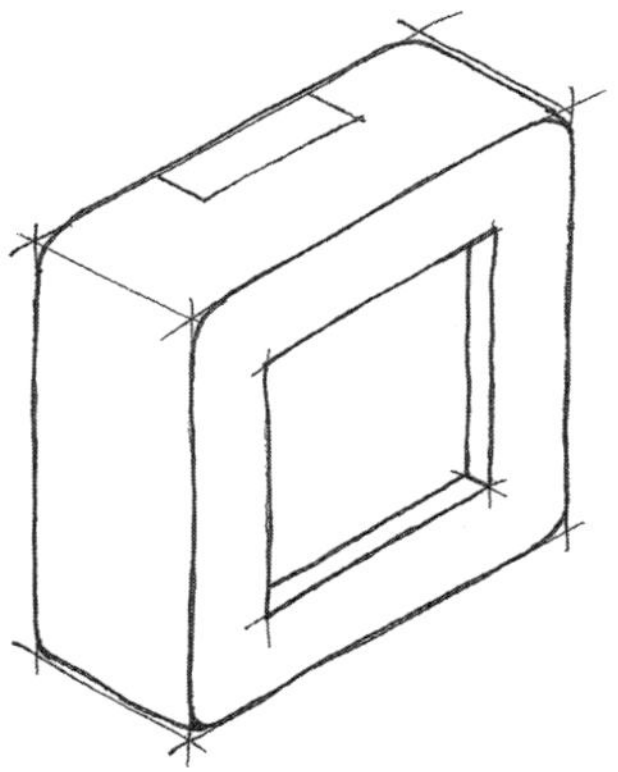

しかし、補助線があまり太いと、それが補助線と思えなくなってしまいます。図28ではふたつの面の交差する角の部分でその表現を用いていますが、仮に3つの面が交差する場合でも表現のしかたは同じです。ただし、円弧の大きさによっては、相当に表現が難しくなります。

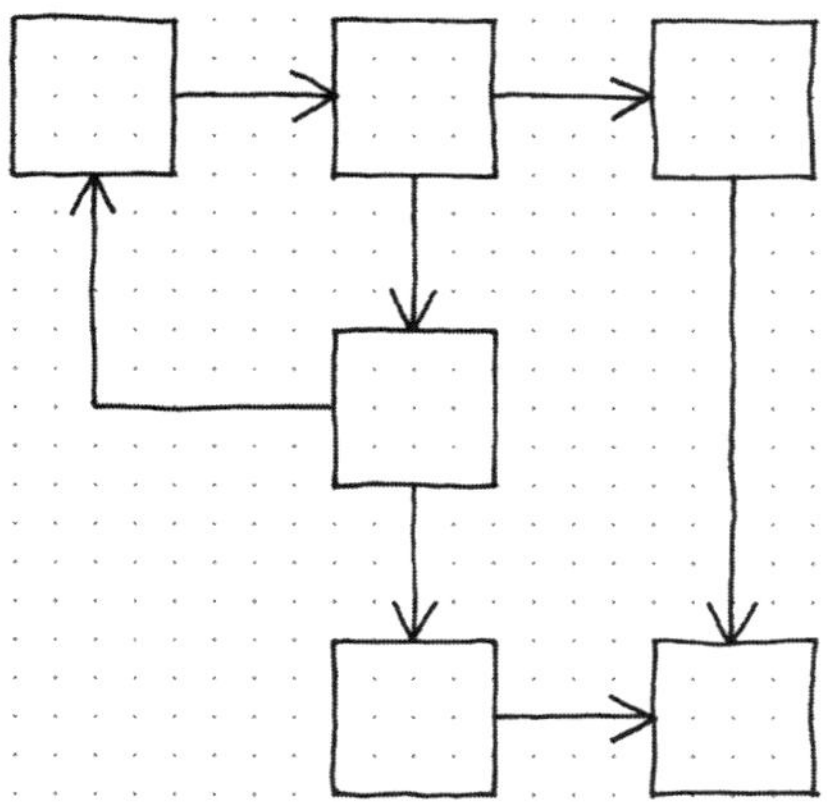

第三章

スケッチで理解する

——メモ、ノートの方法

†スケッチとメモ

第三章では、要点をまとめるさいに、スケッチやそのほかの手段をうまく活用しながらメモやノートを取ったり、まとめたりする方法について考えます。

私が二十代に経験した実務は、都市や建築関係の企画構想、計画、実施というモノづくりの世界でした。最初から最後まで、なんらかの地図や図面的なものがついてまわる分野でした。いわば、いつもお手本を目の前にしながら、製図の経験を身につける機会が多かったといえます。空間表現のスケッチは二十代でそれなりに習得していました。建築関係の図面は、ややかっちりしすぎているきらいはありますが、寸法を反映させたスケッチが評価される世界ですから、自然な成り行きでした。

また最終的には、具体的な建築物や広場、都市のインフラ整備につながっていく仕事です。多くの人と協力しながら仕事が進みます。当然、いろいろな会社のさまざまな立場の人たちとの打ち合わせがつきものです。会議では、どの場所になにをいつまでに、というような情報をはっきりさせていくことが必要です。場所を示す図やカタチを示すスケッチを描いて示し、いつも情報を共有しておきました。

実務を覚える段階にあった二十代のころの、こうした経験、仕事相手のさまざまなやりかたに多く学んだと思います。要するに、地図や図面の線を引き、ミーティングでも図やスケッチを多用する毎日が、仕事にいかすスケッチのトレーニングのような環境だったのです。そのため私は、要点をまとめることの本質をお伝えできると考えます。

おそらく営業の現場にいる人は、まずは数値をしっかりとらえて分析し、自分で要点を整理し、まとめ上げるチカラを、実践で要求されることが少なくないはずです。仕事の方向性を見出し、今後のスケジュールをつくるために欠かせません。議論したことや検討した内容をまとめる作業は、職種によらず最も重要なひとつといえます。スケッチよりももっぱらグラフやことばでメモをとるほうが多いでしょう。

このようにいうと、要点をまとめるのにスケッチ能力の必要なジャンルと、そうでないジャンルがあるように思えます。しかし、そんなことはありません。

†広告代理店プロデューサーのメモ術

異業種と一緒に働くと、驚きとともに面白さがあり、なによりもそこから自分の仕事にもつながる工夫が見つけられます。

私も、建設分野ではない人たちとの打ち合わせでは、大きなカルチャーショックがありました。メモとしてのスケッチの好例や、わかりやすく工夫されたノートも、数多く目にしました（特殊なものもないわけではありませんでしたが）。

私が携わったつくば万博の会場づくりには、モノづくりの得意な人たちと、それとは対照的にソフトなジャンル、たとえば展示、映像、集客、広告、などの専門家が参加しました。それまで接したことのないソフトな感性をウリにする人たちと、出展社会議や広報活動に関連するさまざまな会議で向き合ったのです。

大手の広告代理店の人たちと向き合うという、私にとってはまさに異業種とクロスオーバーした場でのことです。会議で広告代理店のプロデューサーたちは、いっけんメモをとっていないようでした。会議に参加している人の発言をひたすら聞くばかりなのです。少し心配になりながら、それでもじっと観察していると、ときどきシステム手帳などの片隅に、なにやらちょこっと書いている。万博の準備に登場されるプロデューサーですから、仕事のできる方たちです。何人もご一緒しましたが、いちように、みなそういうメモの取り方でした。

そこで気がつきました。彼らは、発言者の話をまずしっかり聞くことを優先するため、不用意になんでも発言を書き記すなどということはしないのです。まとまった内容を理解したときに、または、これは重要だと思われるときだけ、後で読み返すであろう自分へ向けたことばや絵、図などで書いておくようなのです。つくば万博の後も彼らとの交流はずっと続いていますから、さすがにいまは驚かなくなりましたが、そのときはメモスタイルの違いに、カルチャーショックを隠せませんでした。

当時、仲良くなったプロデューサーたちから、彼らのノートをときどき見せてもらいましたが、本人にしかわからないメモ風の絵が多かったことが印象に残っています。その会議で中心的な話題になったことが、いまでいう絵文字風に表現されていました。同じミーティングに出ていなかったら、ある種の落書きにしか見えなかったかもしれません。そうはいっても、私も一緒に出席している会議ですから、その落書き風のメモの意味は理解できました。他人にはわかりにくくても、本人にはそれがなにかしっかりわかっていたはずですから、確かにそれでよいのですね。

プロデューサーは、感性で勝負する人たちばかりでしたから、全員に共通したメモの仕方や一定の手法があったわけではなく、個々の記述方法はかなり個性的だったと思います。絵やメッセージ、場合によってはグラフなども描く、こうしたやりかたを目の当たりにしたのは実に大きな経験だったといえます。

彼らのメモ術をまとめるなら、「聞き上手」「不用意にメモしない」「スケッチなどは自分がわかればよい」といったことでしょうね。こうした特長を取り入れてつくられたメモは、かなり濃縮なイメージの集積でした。

†キープランを盛りこんだ資料

当時、複数のプロデューサーから、会議に関してお願いされたことがありました。私が作成する打ち合わせレジュメの隅に、パビリオンやゲートなどの配置の略図を入れて欲しいとのことでした。

私は、ピンときましたので、キープラン（平面図）と称して、あえてフリーハンドでラフに描いた会場地図、というか図面でいう配置図風のものを、レジュメの隅に入れるようにしました。本当に小さくてよく、しかもフリーハンドで描いてあって十分です。それが打ち合わせ資料のどこか片隅に、ひとつあることが重要なのです。

プロデューサーたちは、そのキープランを見ながら、ほぼ同じ大きさで自分のシステム手帳などに、フリーハンドでささっと転記します。そして自分で描いたキープランの略図の上に、会議中に思いついたことなどを箇条書きで記入していました。

ちなみに、それまで地図情報とか図面情報をどう参照していたかというと、マグネットで四隅を留めてホワイトボードに貼り付けていました。それをみなさん一緒にご覧になって議事進行していました。しかし、資料の中のキープランを自身の手帳に簡単に描き写すほうがじつは有用だったということです。

第一章に示した図1と図2を思い出してみてください。イメージスケッチの下に「KEY PLAN」とした会場図が入っていたことに、気づかれたでしょうか。つくば万博の仕事では、施設の計画が具体化していく中で、同じキープランであっても配置を示すスケッチだけではなく、断面的なものにしてみたり、縮尺も変えてみたりと、柔軟に対応しました。

✝スケッチメモは、自分が読めればいい

メモにスケッチをいかすとは、どういうことでしょうか。

どのようなビジネスシーンにおいても、円滑なコミュニケーションは欠かせません。私はスケッチがコミュニケーションを図るのにとても有益と考えて実践してきました。けれ

ど、自分がメモとして控えておくために、ノートの端にちょっと描くスケッチは、そう堅苦しく考える必要はありません。自分の理解、記憶のためのスケッチは、他の人が見てなにを描いたかわからなかったとしても、なんら支障ありません。むしろ知られないほうがいいことすらあります。

ですから、他人が見て「落書きのようだ」と思われてもかまいません。まずはその心積もりで、用紙の余白に大いにスケッチしてはいかがでしょうか。

自分が見て判読できれば差し支えなく、むしろ忘れないうちにささっと描くことのほうが優先します。メモとして描くのに、かけられる時間は10秒から、長くても30秒くらいまででしょう。当然乱雑なスケッチになります。でも、それでよいのです。仕事の相手と意思疎通を図るためのスケッチとは目的が異なります。ふと気がついたときに、手が届いた筆記具で描くものです。

たとえば、携帯メールに入れるような顔文字や絵文字は、どうでしょうか。絵文字に慣れているいまどきの若いビジネスマンなら、すぐに描けるはずです。顔文字で、そのときの自分の気分を残しておくのもいいでしょう。

書類や手帳に、イラストボードのようなものをささっと描くと、要点が書きやすくなる

図 29

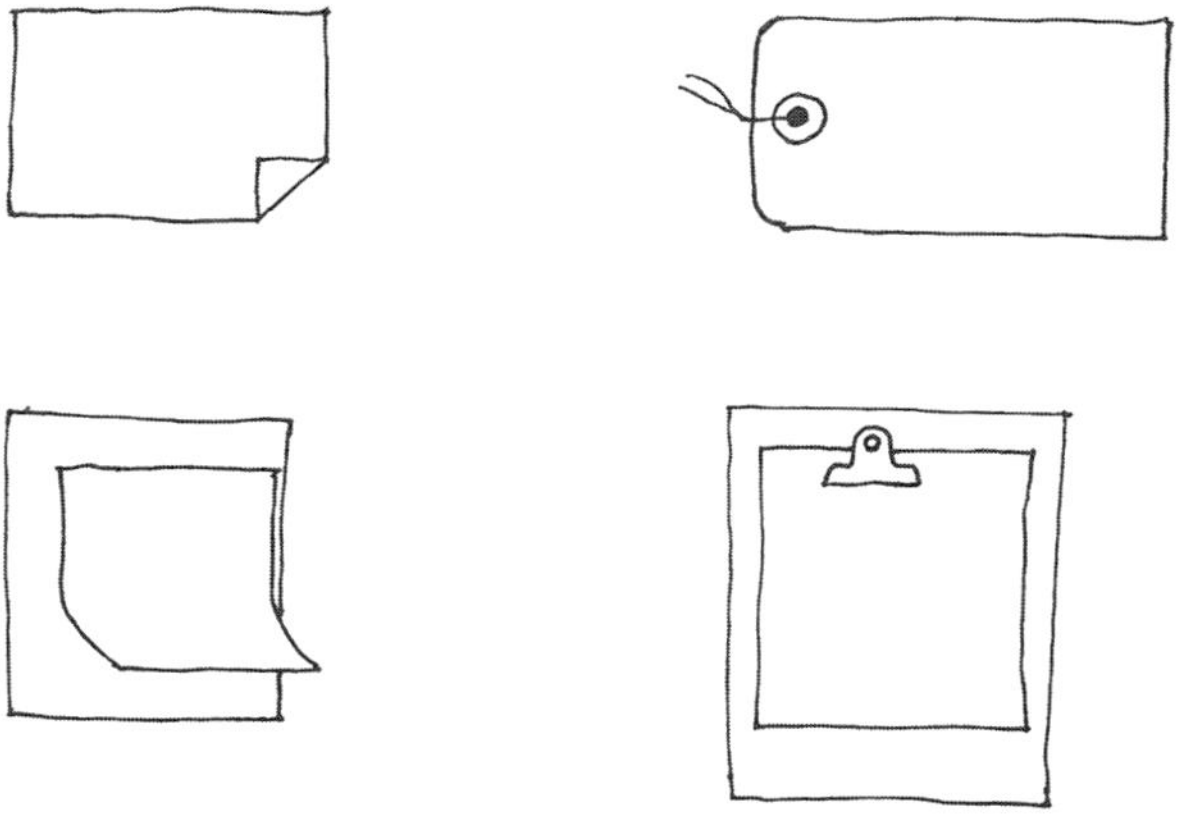

ことがあります。また、打ち合わせの配布資料に締切りの依頼や注意点などのメッセージを書かなければならない。気づいてもらえないと困るけれど、強調しすぎはトゲがあるので避けたい。このような場合のニュアンスを和らげるのにも役立ちます。

私がよくつかうのは図29左上にある枠の表現です。四角い枠の線ですが、ひとつの角だけ、ちょうど紙を折るような感じに描きます。スケッチというより、イラストに近いものですが、文字ばかりの書類に入っていれば、かならず目に飛びこみます。強調になりますし、コミカルな雰囲気が醸しだされるので、表現のトゲは少なくなります。もちろん、くだけすぎは逆効果かもしれませんが、この程度の遊び心ならば、少々あらたまった書類でも許容範囲ではないでしょうか。

図29には、参考になりそうなイラスト風の枠の絵を、ほかに3つ載せました。あまり説明はいらないと思いますが、右上は正札（商品タグ）風、右下はクリップボード風、左下は、カレンダー風のメッセージ用の枠です。いずれも描くのにそれほど面倒ではないものです。あらかじめ宛名用のラベルなどに描いて、自分の手帳やノートにはさんでおけば、急ぎのメモの最中でも、ぺたりと貼ってつかえます。

†まとめは、A4サイズ1枚

ビジネスでつかわれる紙は、通常A4サイズが普及しています。ミーティングや会合のまとめや報告レジュメは、A4サイズの用紙1枚が理想です。私の経験でいえば、報告書は文字だけでなくスケッチ、図などを加えても、A4サイズ1枚に収まるはずである、ということです。

よく考えられたレイアウトで要点が入っていれば、ひと目でなにが書いてあるか、またなにをいおうとしているかがわかるのがA4というサイズなのです。もちろん文字とスケッチの両方がうまく配置されたときに最も効果を発揮します。スケッチの情報は目に飛びこんできますから、文字だけのメッセージより、はるかに勝ります。

これはミーティングの報告書や情報整理のレジュメばかりでなく、企画提案やプレゼンテーションのための書類も同様です。

外部とのミーティング結果を報告しなければいけない場面で、上司、とくに相手が経営者であれば、あなたの話を聞くためにさける時間はせいぜい2、3分ではないでしょうか。それなりの時間をかけてくれたとしても、その間ずっと説明に耳を傾けてくれることはないですよね。相手が興味のある内容であるほど、質問も飛んできます。ということは、できるだけ短時間で報告や企画のポイントを、もれなく伝える必要があります。そのためには、文章や数字による説明よりも、瞬間に相手に届くビジュアル表現を取り入れたほうがよいのは自明です。

美しいレイアウトの原則

構図についても少々述べます。スケッチでも写真でもデザインでも、ビジュアル表現を学ぶとかならず教えられるものに「黄金比」があります。長さや空間などを分割したり配分したりするとき、黄金比を意識すると美しく決まります。その比率は1：1・618です。テーマを外れるので本書では詳しくは述べませんが、参考までにレイアウトの例だけ挙げておきます。

図30には、細い線で描いた四角が8つありますね。それぞれをA4用紙1枚と考えてください。これらのA4の紙に対して、盛りこむべき情報をどのように配置すれば美しいかを太めの線で区切って表しました。ご覧いただきたいのは、それぞれの四角（A4用紙）の中にある縦横の線です。太めの縦横の線で囲まれたゾーンを、ひとつのまとまりだと思ってください。A4用紙を4つに分割したものが5つ、6分割がふたつ、9分割がひとつありますね。あるゾーンはメッセージ文だけ、別のゾーンは表だけ、あるいはスケッチだけを入れる、という具合です。

ところで、「報告書や企画書などの書類はA4用紙1枚で」という理想について、次のような反論があるかもしれません。「さまざまなテーマやジャンルがある昨今、細かいことまで記録しようとすれば、1枚に収めることはまず無理だ」と。もちろん、テーマや議論の内容によって、柔軟に対応する必要があることは確かです。

ですが、「A4用紙1枚」を常に念頭に置きながら書類を整理、作成する習慣は、情報の優先順位づけ（要不要の判断）や、表現の簡潔さ、情報相互の関連づけを、いつも意識

図 30

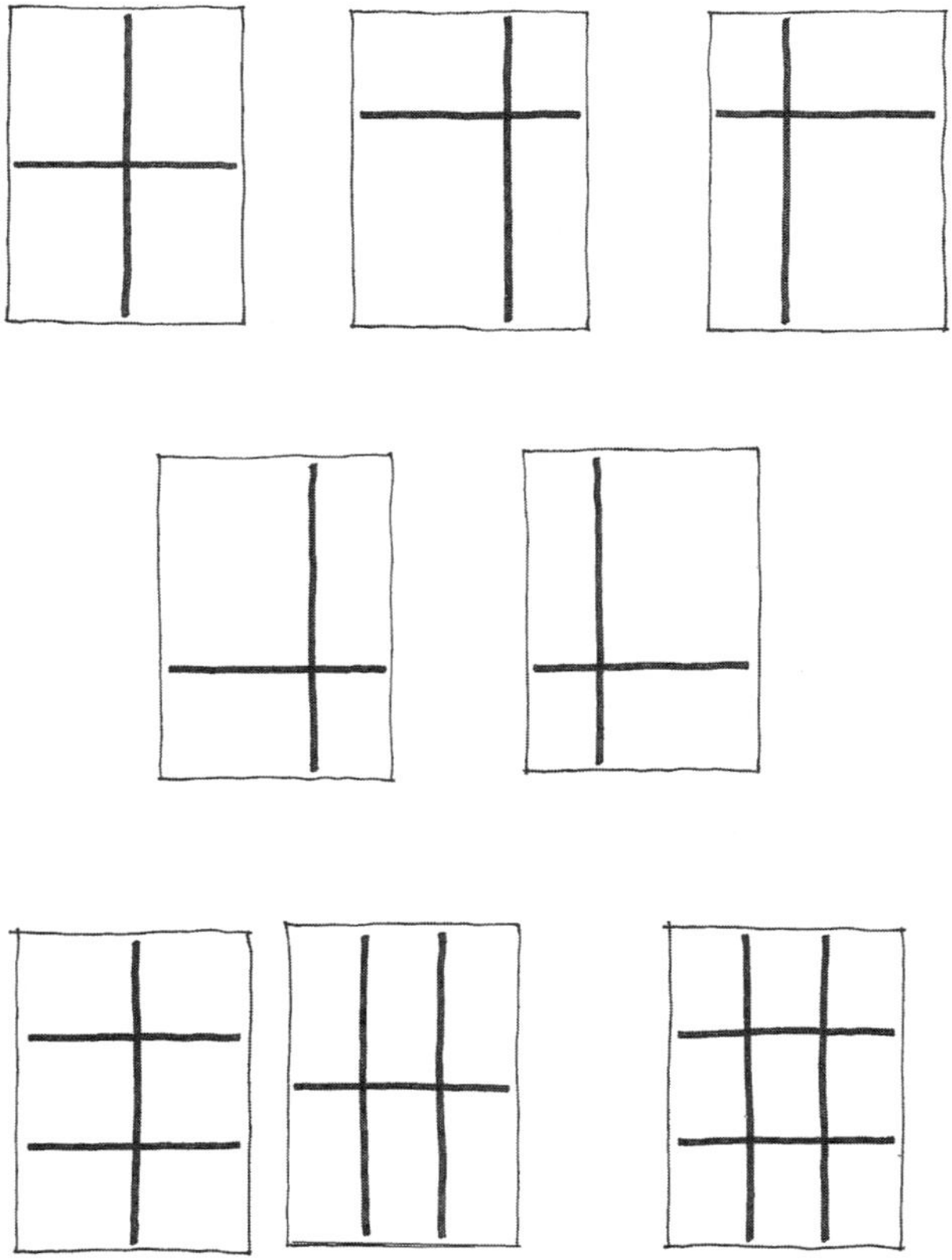

することにつながっていくのです。結果として1枚におさまらなくても、その書類の背後には「割愛した内容がたくさんある」という情報の厚さが控えているので、説得力ある読みやすいものになっているはずです。

†余白の効用

企業の新製品開発会議では、よく私のメモノートのコピーが欲しいと、みなさんから要望されました。意見を聞きながら集約しつつ、寸法まで反映したスケッチを、私はささっと描いていましたから、そのスケッチは、製品が次のステップに向かうためのわかりやすいイメージになるわけですね。

寸法が反映されたスケッチなので図面のように描いたかといえばそうではありません。平面図とか側面図とかではなく、寸法を考慮しながら立体的な形状を描いていました。複雑なカタチでもだいたい1分以内で描いたわけです。会議後は、出席者にコピーを渡して情報共有しました。打ち合わせの成果のこのような残しかたは、スケッチのわかりやすい効用といえます。

とはいえ、ヒアリング型の視察や調査などへの参加では、説明を聞いて思ったことを配布資料の余白部分にちょこっと描いておく、というくらいが現実的です。描く時間も数秒から、せいぜい10秒くらいでないと、重要な説明を聞き逃してしまいかねません。

私は、配布資料を作成する場合に、用紙の下部に、なるべく5センチ以上の余白を設けるよう意識していました。メモやスケッチに活用してもらうためのスペースです。下に余白がとれない場合でも、用紙の右側に5センチ四方以上の正方形の余白ができるように、文字や図、画像などのレイアウトを工夫しました。

レジュメはきっちりしっかり埋まっているほうがよい、余った部分には図とか画像かなにかを入れないともったいない、と考える方もいるかもしれません。ですが、経験からいえば、余白は非常に価値があるのです。余白があることで読みやすくなり、提案の内容がより明確に伝えられます。スペースいっぱいにぎっしりと文字や図、絵、写真などを詰めこめばよいということはありません。

きれいならいいか？

視点を変えてもっと踏みこんでみます。たとえば、あなたが描いたフローチャートには、会合のテーマや問題のありかに対してどこまで深く議論したかが示され、どこがボトルネックなのかを見出して、どうすれば改善・進捗できるかの提案まで示されているとします。そんな緻密なフローチャートならば、A4におさまらなくても、また挿入されたスケッチや図解の描き方が少々稚拙であったとしても、すばらしいと評価できます。「A4サイズ1枚」は、そのための意識づくりといいかえることもできます。

関連として、ビジュアルイメージの訴求力とイメージの美しさの関係についてもお話ししておきましょう。

ビジネスシーンでは、メッセージを理屈抜きで、ストレートに、しかも瞬間的に、相手に届けることが理想です。その代表がビジュアルイメージです。美的な世界ですから、そのイメージが美しいほど訴求力が高いことはあきらかです。実際、ビジュアルイメージで評価される広告写真などは、どれも実に美しいです。

ところが、かならずしも「美しい」とはいえないビジュアルイメージであっても、相手にドスンと響くものが少なからずあります。ポスターでもときどき見られますが、お世辞にも美しくない字で書かれたメッセージとイラストの組み合わせながら、強烈なメッセージを発信するものが、実際にありますよね。

そのメッセージが、考え抜かれた、いわば本物の提案であるとき、美しいとかきれいとかいう尺度を越えて、相手の心に響くのです。

†罫線のあるノートをつかうべき

とはいえ、より美しくノートやレジュメをつくるには、どうすればいいでしょうか。ノートブームのいまどきは、さまざまなタイプのノートやメモ帳が売られていますが、仕事ではどんなものをつかうべきか。図解やスケッチを盛りこむためには、線を引くための手がかりがあるほうがいいでしょう。つまりノートはスケッチブックのような無地のものより、罫線があるほうがよいといえます。

一般的に多いノートの罫線は横線です。横罫線なら、まっすぐな線をたよりに書けば文字列が整います。横罫線は、スケッチする際に基準となる水平線の目安になりますし、図解の枠や線を引くときの定規の役割も果たします。

ということで私は、ビジネスでつかうノートは罫線入りを推奨しますが、注意したいのは罫線があまり目立ってはいけないことです。横罫線が太すぎたり濃すぎたりして目立ってしまうと、垂直に描く線との太さのバランスが崩れて、スケッチは見苦しいものになってしまいます。図やスケッチに引き出し線を入れても、罫線が邪魔をして見えにくくなってしまいます。

描いたスケッチや図のインパクトはノートの罫線が目立つほど弱くなりますから、横罫線ばかりが気になって、肝心の内容に注意が向かなくなってしまいかねません。これでは本末転倒です。罫線がどのくらい目立つかは、インクの色にもよりますね。

†方眼ノートは、専門的な目的にベスト

私にとって馴染み深いのは方眼罫です。用紙にはあらかじめグリッドがメッシュになって印刷されています。私の関わる都市設計や建築、土木はもとより、産業用機械や船舶、航空機などの世界でも、昔から一般的でした。いずれも打ち合わせなどでスケッチを多用し、寸法や距離といった事項の記入が多い技術分野です。小さいころには理科の自由研究帳や漢字書き取り帳としてつかっていたという読者も少なくないのではないでしょうか。

グリッドの間隔には、いろいろなものがあります。5ミリや10ミリのパターンが便利です。もっとも、技術系の世界では、簡単な打ち合わせでも、精緻な数値が必要なこともあります。5ミリ、10ミリでは、54ミリとか37ミリといった数ミリ単位の微妙な寸法の違いを描き入れにくい。そのため外での打ち合わせでも、方眼用紙か方眼ノートに短い定

規をセットにして、いつも携帯している人はたくさんいます。

いまどきはグリッドの大きさやドットのピッチの間隔がさまざまに印刷された商品があります。ネットで検索すれば、自宅のプリンターで方眼紙をつくれるサービスも見つけられます。

グリッドの間隔は、分野や業種によって都合のよしあしがあるでしょう。私の関係する建設分野で最適なメッシュのパターンを選ぼうとすると、5ミリないし6ミリのいずれかを選択するのがベストということになります。都市工学のスケールですと、寸法体系（モジュール）は5の倍数（50センチとか1メートル）という単位ですから、方眼の線間隔は10ミリないし5ミリがよいとなります。あるいは、建築ならば、6の倍数（オフィスであれば1200ミリ、600ミリ）が主ですから、理想的な方眼パターンの線間隔は6ミリでしょう。

ただし専門職でもなければ、そこまで神経質になる必要はまったくありませんし、たとえそうであっても、図面に盛りこむ内容の意図さえ伝えられるならば、ラフスケッチであって問題ないのです。つまり、それなりに精密なスケッチが必要ならば、方眼罫が最適な用紙であるといえます。もちろん、慣れてくれれば、相当に正確な寸法を定規なしで引けるようにもなります。

†ドット方眼はつかいやすい

グリッド方眼紙と同じようなねらいで、規則的な点列（ドット）が印刷された用紙やノートがあります。スケッチに限らず、フローチャートなどをすばやく描くうえで、とても便利です。一般的には「ドット方眼」と呼ばれます。

ドット方眼は、グリッドの方眼紙のようにつかえるうえ、点列は薄く印刷されているものがほとんどなので、濃い罫線のように邪魔にはなりません。

私がおすすめするパターンは、縦横に一定の間隔で点列が配置された用紙です。ドットの間隔は、グリッド方眼のメッシュ同様に10ミリピッチ、5ミリピッチなどあります。こちらも同様に、ネットで検索すれば、自宅のプリンターで作成できるサービスを見つけられます。

ドット方眼をつかうと、とても簡単に同じ大きさの枠を引けます。直角に交わる縦横の線が引きやすいのです。試みにドットの間隔が5ミリの用紙に3センチと2センチの長方形の枠と、一辺が3センチの正方形を描いてみます。図31をご覧ください。長方形も正方

図 31
（紙面の都合により縮小しています）

形も定規をつかわず、フリーハンドで線描していますが、こんな具合に簡単で、しかも手早く線描できます。

　これがもし真っ白な紙で点列の助けがない状態だったら、きれいに同じ大きさの枠を描くことは難しいはずです。

†ドット方眼をつかった図解の例

図32

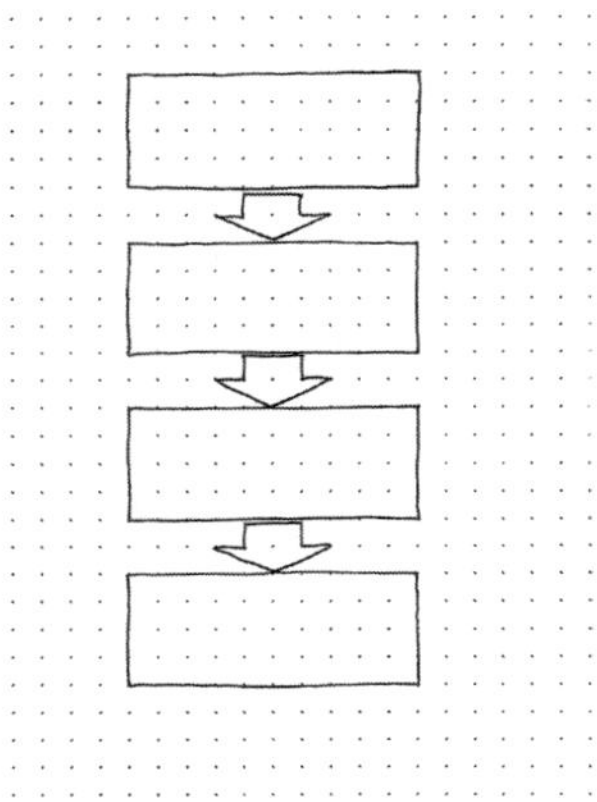

四角い枠を配列したら、それぞれの関係性を示す矢印を入れるだけで、実践向きの図をつくることができます。あくまで簡単な例ですが、発展させていくつか描いてみます。
図32は、長方形の枠を、上から下へ4つ並べて、矢印を加えたものです。作業の流れとか考え方の推移などの図解ですね。同じような関係図ですが、図33はもうすこし矢印の方向が複雑です。
　実際の図解では、四角と並んで楕円など、曲線の図形も多用されます。楕円の場合は、直線のようにドット同士を結べばよいというわけではなくなりますから、慣れるには少し

図 33

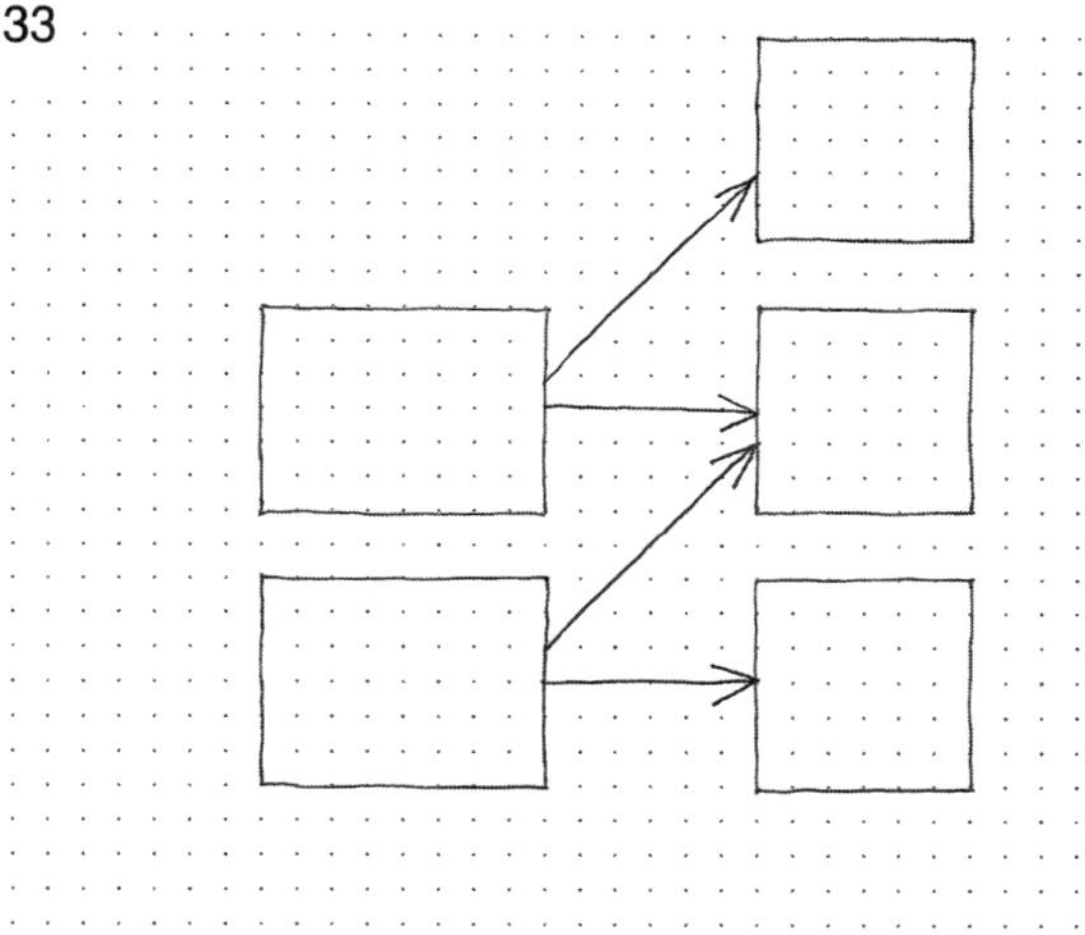

図 34

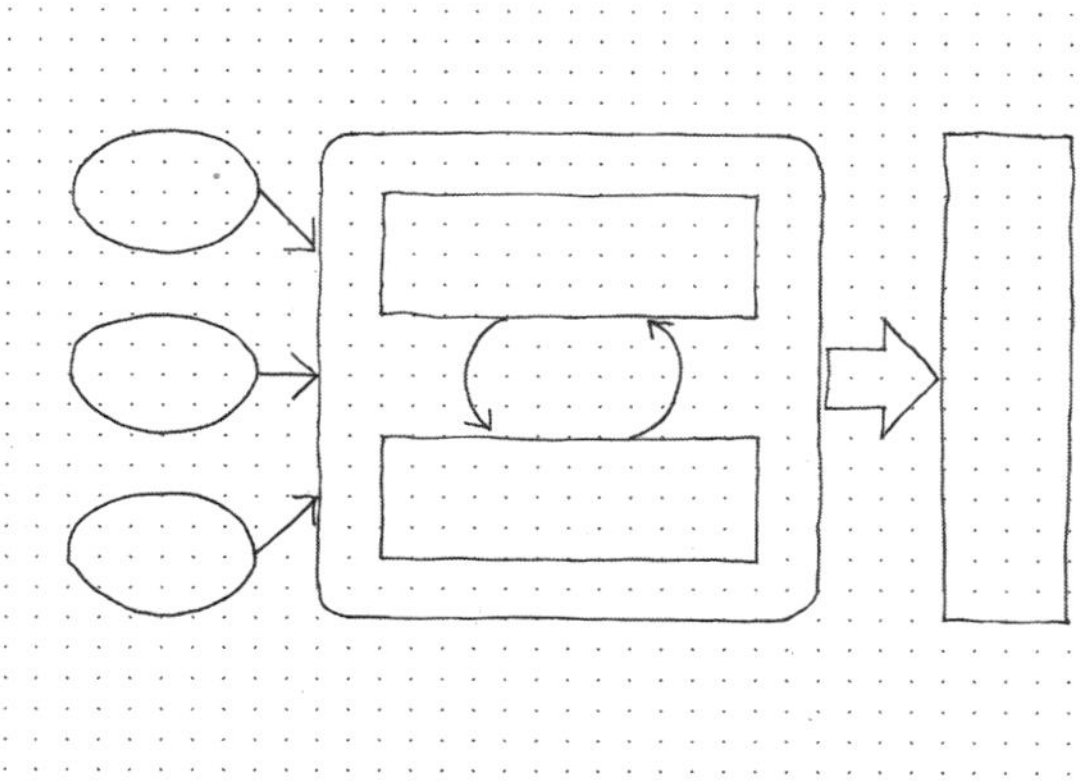

練習が必要かもしれません。コンパスで描いたような円にはなりませんが、それでもドットを手がかりにすれば十分きれいです。あくまでフリーハンドですから、あまり曲線の厳密さは気にしないでよいでしょう。

図34では、四角と楕円、それぞれの形に役割をもたせることで、伝えたいイメージを相手に理解してもらいやすくなります。たとえば、各種資本を投入して開発し商品にするまでを表現したり、教師が働きかけて子どもの内面に変化が生まれて成果に結びつく……などのメッセージが入れられるでしょうか。

図35は、大きな流れが左上から右下へと移動しています。問題解決のために必要な作業の手段を、順を追って示す場合などにつかえるでしょう。丸い枠内に入るのが作業で、四角い枠は、想定される外部要因とかヒントとかでしょうか。

図36は、時間軸が左から右へとまっすぐに進みます。ポイントは、四角い枠の大きさがそれぞれ異なることです。四角い枠内に入れるメッセージの長さを勘案して自由に大きさを設定できます。また時間軸の矢印に対して上なら好ましい影響で下は不利な状況とするなど意味づけや分類をすることもできます。

図37のような図は、参加者が発言したことをまとめ直す際に有効かもしれません。また

図 35

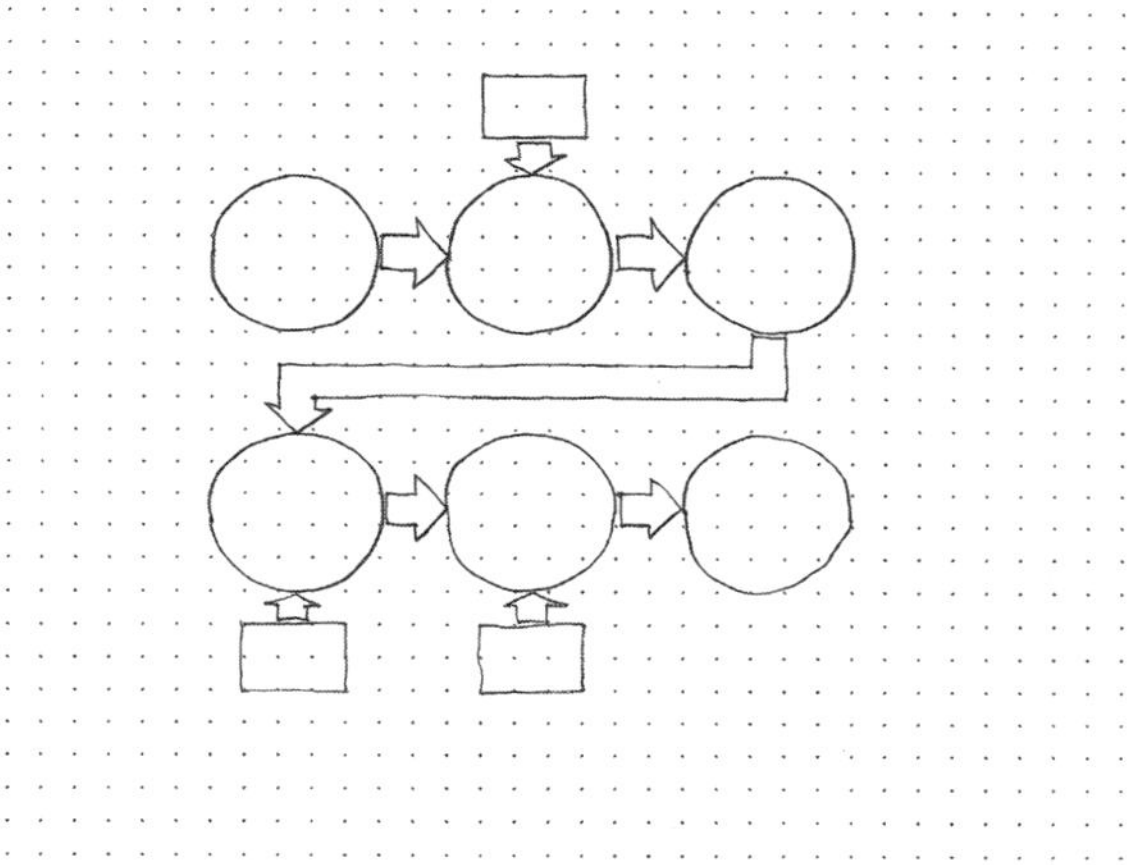

図 36

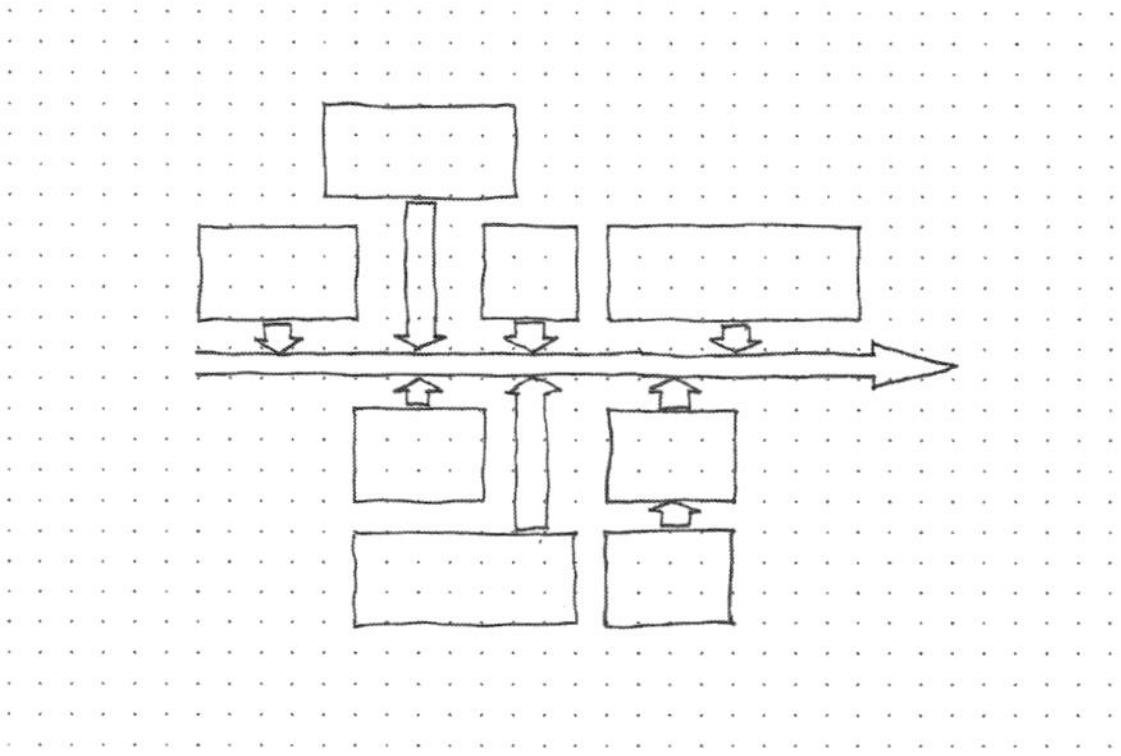

図 37

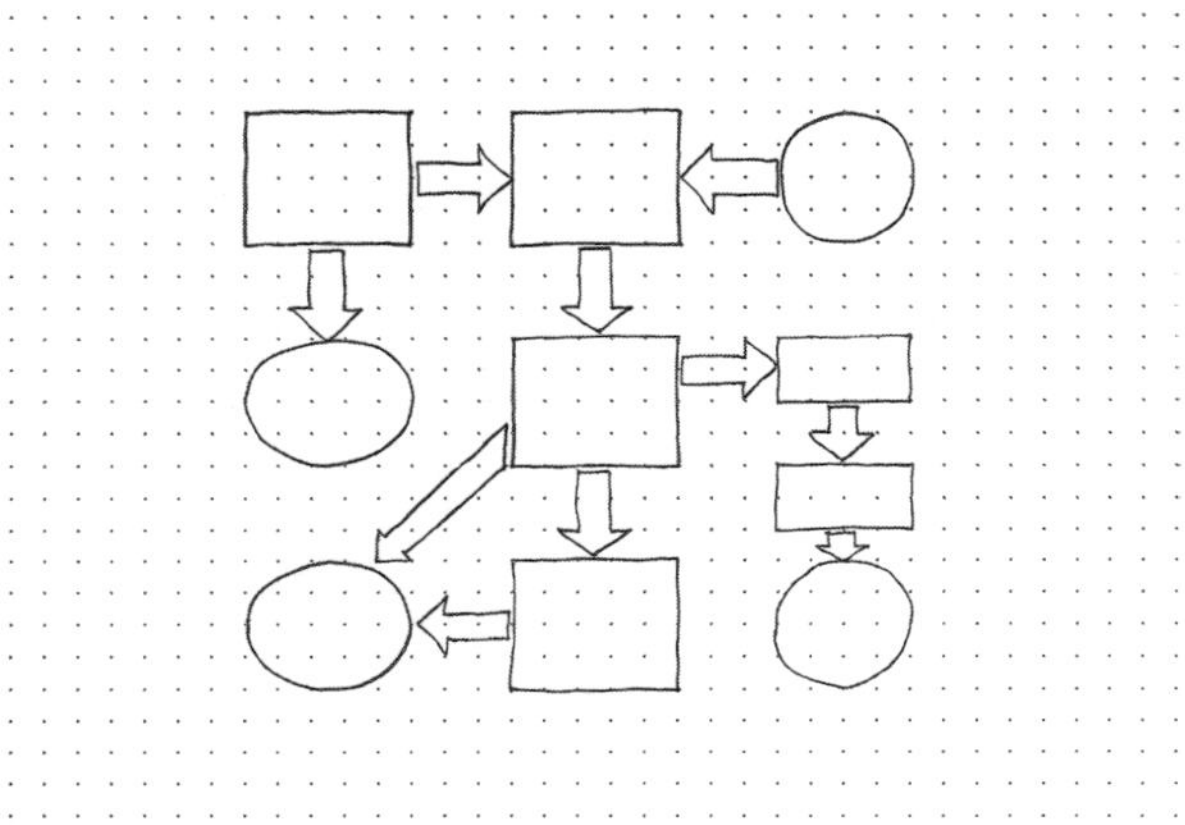

は、個性の違いによる商品開発の選択肢を複数示す場合につかえます。四角い枠に入るのは個人の意識や判断で、丸い枠には行動を入れます。個人の欲求の違い（四角内）を出発点に、プロトタイプの行動（円内）を導きます。図37では、3つのアウトプット（異なる行動）が得られていますね。

†「図で理解する」とは、どういうことか

簡単な図解の例について、一気にいくつも見ました。これはじつは、「図で考える」ということの意味を知っていただきたいからでした。思考したり、論点を整理したりする際には、ぜひこうした図を描くことを習慣にしてほしいのです。テーマや内容によって、適

切な図解は変わってきますから、まずは多くの図解パターンを目にしておくに越したことはありません。

SWOT分析という意思決定の方法をご存知でしょうか。個人でも組織でもいいのですが、強みや弱みをはっきりさせたうえで、どのように事業戦略をたてたらよいかを、はっきりさせるためのツールです。いまどきの会社では、ひんぱんにつかわれていると考えられますから、ご存知の方は多いのではないでしょうか。問題点を探ったり、ビジネスの方向を見出すため、図という土俵の上で会議の参加者全員が意見を闘わせやすくなります。

ここには、「図で理解する」ことの原理が濃縮されています。

SWOT分析では、まず外部と内部の環境を「強み（Strengths）」、「弱み（Weakness-es）」、「機会（Opportunities）」、「脅威（Threats）」という4つのカテゴリーに分類します。SWOT分析の表は、図38をご覧ください。漢字の「田」の字のようなマス目にそれぞれ英語にしたときの頭文字を入れて4分割のゾーンを設定します。上のふたつのゾーンには「S（強み）」と「W（弱み）」が、下のふたつのゾーンには、「O（機会）」と「T（脅威）」が入ります。

内と外の環境分析は上下で見ます。上のゾーンは内部環境、下のゾーンは外部環境です。

図38

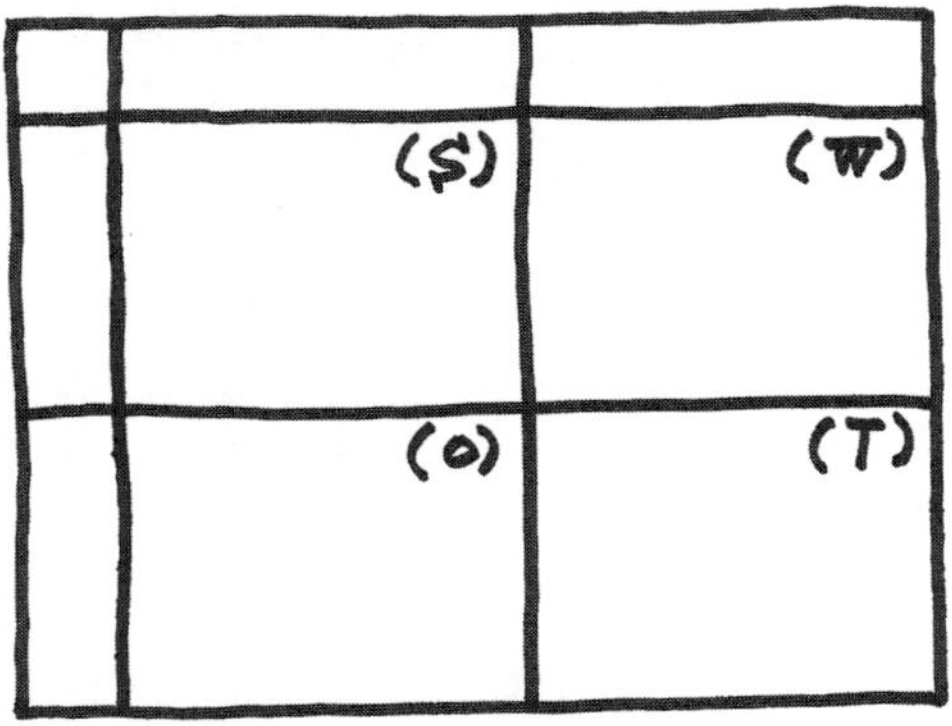

内外環境のプラス面マイナス面の比較は左右です。左側の「強み（S）」と「機会（O）」はプラス面を示し、右側の「弱み（W）」と「脅威（T）」はマイナス面です。田の字の4つのゾーンが、上下左右それぞれふたつずつの尺度によって明快に区切られています。4つに分割するところがシンプルでとても魅力ですね。これが8つや16に分割されていては、明らかに多すぎでしょう。

実際の会議の場では、さまざまな意見が飛び交います。あらかじめ4つの領域というフクロを用意して、その中にそれぞれの意見を落としこむやりかたによって、会議に参加している人の意識は共有しやすくなりましょう。自分が発言する場面でも、あらかじめその4

つのゾーンを念頭において意見しますから、論点がクリアになります。

図解で一人ブレスト

形式的にとても類似している別の図解もご紹介しましょう。図39をご覧ください。

商品を開発するとき、高性能低価格を目指すのは当然のことですが、商品化という段階では、妥協せざるを得ない部分はでてきます。図39は、そのためのすり合わせに役立ちます。たとえば、横軸（＊1）は機能（右側は高機能、左側は低機能）、縦軸（＊2）は、価格（上は高価格、下は低価格）です。4つのゾーンに分けられますね。機能と価格の対照性を分析し検討します。右上のゾーンに該当する商品は、機能が優れ、価格的にも高い商品として位置づけられるゾーンですね。

図38のSWOT分析の表と図39の表の違いは、後者は縦横の線が矢印になっていることです。つまり、時間軸を図上に載せることで、現在はどの領域にあるか、これを好ましい方向にもっていくには、商品をどのように改良すればいいか、どのくらい時間をかけられるかなどが検討できます。

議論が白熱していろいろな意見が出されたとしても、この4つのゾーンのどの領域で

図 39

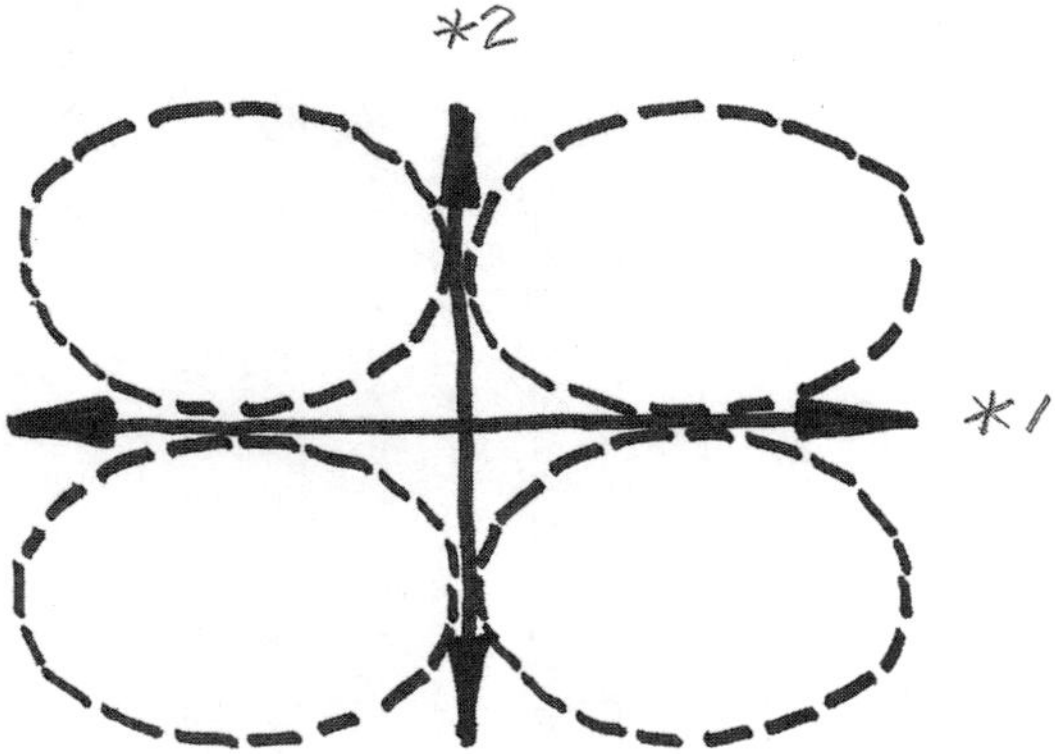

（あるいは複数の領域にまたがる）議論がされているのかが、実に明瞭になります。論点をはっきりさせること、議論の方向づけをビジュアルに示せること、いずれも図解力のなせる業です。

そして、ここからが重要です。図38や図39の図解に慣れてくると、個人で考える際にも応用できます。図を利用すれば、机上で「一人議論」を展開できるようになるのです。ブレーンストーミング風に思いつくまま書き出していっても、頭の整理がしやすくなります。これが図解のもつチカラです。

†挿画の描き方

ことばによる説明を補うのにスケッチが有

益なのはいうまでもありません。科学理論や新発見を伝えるとき、テレビ・新聞の報道、解説書の多くで、画像や図表、ラフスケッチやイラストなどが組み合わされています。メディアで目にする挿画や図解は、プロのイラストレーターや専門家が描きますが、仕事でも勉強でも同様のことができれば、自分の理解を深められると思いませんか。

練習としては、まず入門書に掲載されている図解や挿画を隠して、該当する文章を読みこみながら自分自身でスケッチします。まず、スケッチしようと思いながら読むだけでも、いつも以上に集中力が増しているはずです。これも「スケッチ眼」です。

図解や挿画を描いたら、掲載されているものと見比べます。同じ絵や図解である必要はありません（真似て描かなければ、そもそも同じになりません）し、絵の上手い下手でもありません。あなたの描いたスケッチに、大切な情報が漏れなく描かれているかの答え合わせです。逆に、不必要な情報もあるでしょう。

強調するべき情報（要点）と、重要度が低いものを峻別できるうえ、自分のチカラで描いた図があることで、プロが描く挿画への理解も大いに深まり、テキストの価値は何倍にもふくらむのです。

いくつか実例を示しましょう。たとえば、地殻が動いて割れることで起こる断層。地震

図40

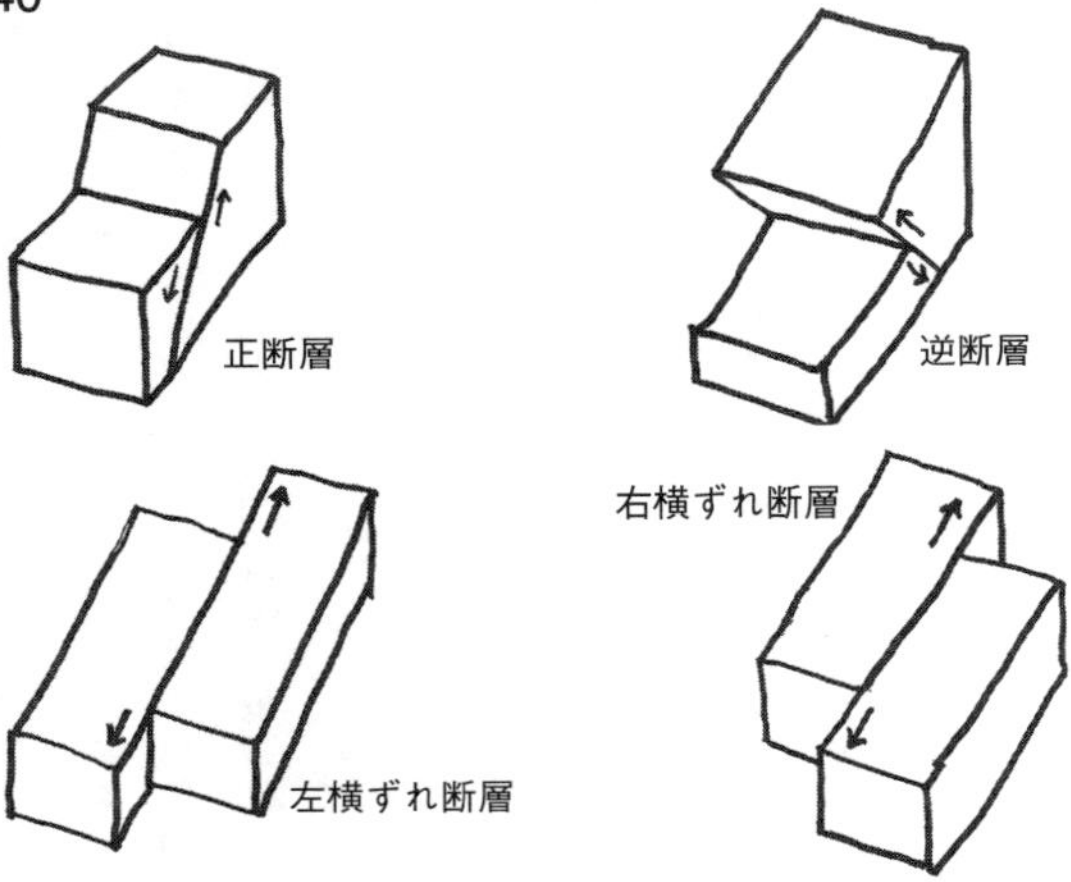

のニュースでよく耳にします。

「正断層は引っ張られる力による断層で、逆断層は圧縮の力によるもの。水平方向に地殻が動いて生じる左右の横ずれ断層もある。実際の地震のずれは縦断的に生じるずれと左右に生じるずれの複合的な動きが多い」。ことばや文字で表現されても、漫然と読むだけでは、なかなか断層のイメージがわきません。たったこれだけの説明でも、スケッチがあるとないとでは、理解にかかる時間と覚えやすさは大違いです。

図40のラフスケッチをご覧ください。上のふたつは、左が正断層で、右が逆断層です。矢印で地殻の動く方向がひと目でわかります。下のふたつは横ずれ断層で、それぞれ右横ず

れ断層、左横ずれ断層です。

†難解な内容を整理する

都市設計や建築にかかわる勉強では、スケッチによる理解が必須です。関連する法律は、都市計画法や建築基準法、消防法、国土利用計画法、宅地造成等規制法、建築協定など、多岐にわたります。

たとえば建築基準法には、木造住宅などの延焼しやすい部分についての規定があります。延焼のおそれのある部分には防火上必要な措置を講じなければならないからです。法律で定められた「延焼のおそれのある部分」とは、隣地境界線、道路中心線または同一敷地内の二以上の建築物(延べ面積の合計が500平米以内の建築物は、一の建築物とみなす)相互の外壁間の中心線から、1階にあっては3メートル以下、2階以上にあっては5メートル以下の建築物の部分です。

右の説明を読んで、道路の中心線と敷地との関係や、敷地の中に建つ建物の配置関係をイメージできるでしょうか。3メートル、5メートルなどの距離を正しくとらえられなければ理解したことになりません。しかし、スケッチしてみれば一目瞭然です。

図41

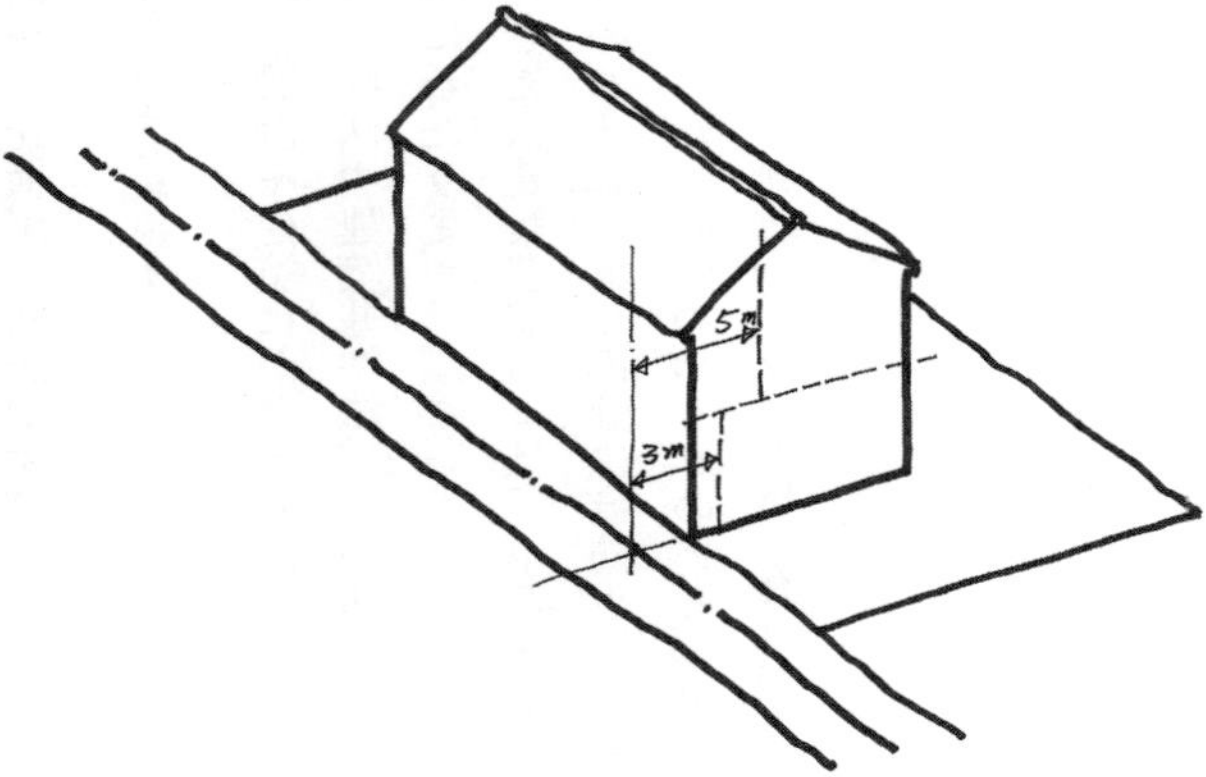

図41は、この法律の意図を示すスケッチです。ここでは隣地境界線から建物までの距離は5メートル以上離れて建っているものとして単純化しています。

もうひとつ、建築の世界でよく目にする法律を参考までに見てみましょう。建築物の容積率についての規定です。土地に一軒家を建てたことがあったり、建てたいと考えている方は、容積率という文字を目にしたことがあるのではないでしょうか。

ここでは、第一種低層住居専用地域にある敷地200平米の宅地とします。用途地域により都市計画法で指定される容積率を10分の20としましょう。この敷地で建築可能な床面積は、200平米×20／10で400平米とな

図 42

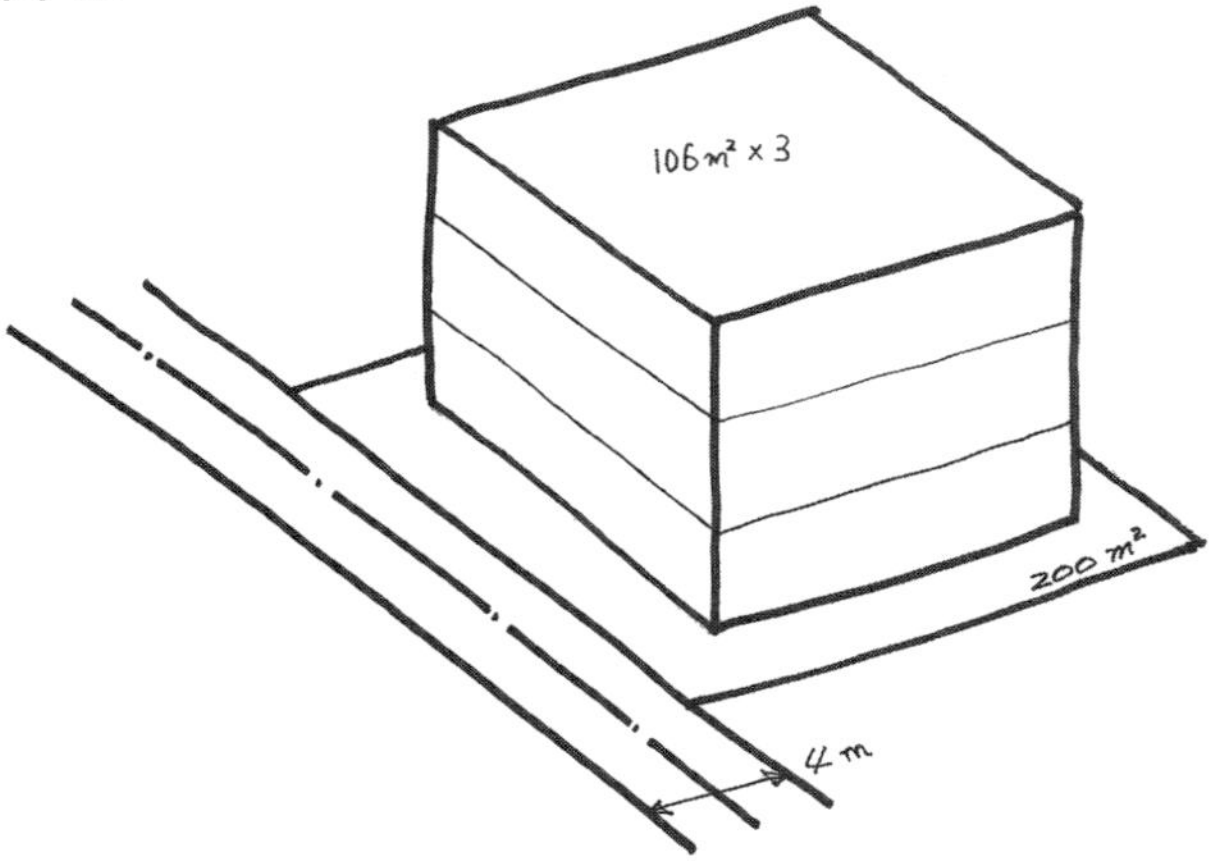

ります。けれどこの法律は、第一種低層住居専用地域で敷地の前面道路が12メートル未満の場合、容積率はその前面道路の幅員（道幅）に原則として法定乗数（4／10）を乗じたもの以下でなければならないとも定めています。

敷地の大きさや前面道路の幅員など既にわかっている情報からすぐ計算できます。道路幅員が4メートルとすると4メートル×4／10で1・6。つまり容積率160％を意味します。160％の容積率を建物の床面積の上限値に置き換えると、200平米×1・6で320平米となります。つまり、敷地の容積率（400平米）よりも前面道路の幅員による数値のほうが厳しいため、その上限値

（320平米）が、ここの容積率の上限値となります。

容積率についての以上の説明をアバウトにスケッチすると、図42になります。ここでは、住居を想定した3階建てで320平米の床面積めいっぱいの規模の建物とした場合を示します。現実には、200平米の敷地であっても敷地形状や建ぺい率の上限値などが違えば違った立体形状になりますし、建築費の予算制約もあるかもしれません。あくまで基本数値を立体に置き換えた一例のスケッチです。

ラフなスケッチであっても、描き慣れてくると定規をつかわずに立体形状を尺度にあった大きさで描くことができるようになってきます。

簡単なスケッチがあることで、法律の意味や条文がさしている内容がはっきりします。関係性の理解、ここでは不動産関係の勉強を例にしましたが、法律などの勉強はスケッチで理解すれば、記憶の再現性は大幅に向上しますし、復習もはかどります。

難解な内容ほど、まずはザックリと、そのねらいや意味を理解することが重要です。

†抽象的な内容をスケッチする

天気予報などで日常的に目にする天気図は、さまざまな情報を平面的ながら、わかりやすく説明するための工夫が盛りこまれています。高気圧の配置や前線の位置などと天候の関係が明瞭です（天気予報が当たるかどうかは別の話ですが）。

天気図で見る前線は、はっきりとした境界線ですが、温暖前線と寒冷前線は、暖かい気団と冷たい気団とが接することで生じ、現実には数キロから数十キロの幅をもつ領域なので、どちらかというと帯というべきものです。とはいえ日本列島を含む広大なエリアを対象とするならば、「線」と表現してもよいのでしょう。

前線をスケッチしてみます。図43です。前線のスケッチを描いてみると、大気の関係が立体的にイメージできます。寒冷前線も温暖前線も、ともに前線面といわれる境界の面は、地面から傾斜しながら上に向かいます。図43下は前線の断面を示し、図43上は説明用に前線を3次元で表現しました。気象関係の書籍を読むと、こうした前線の断面概念図がよく掲載されています。

私は以前、この断面図をもとに、通常の地図の縮尺で高さや方向を合わせて、寒冷前線と温暖前線のデータを描き入れてみたことがあります。すると、よく見るこれらのイメージ図は、実際とかなりかけ離れていることを知りました。気象予報士などの専門家を目指す人でなければ、この図のほうが、むしろ誤解なく理解できます。

図 43

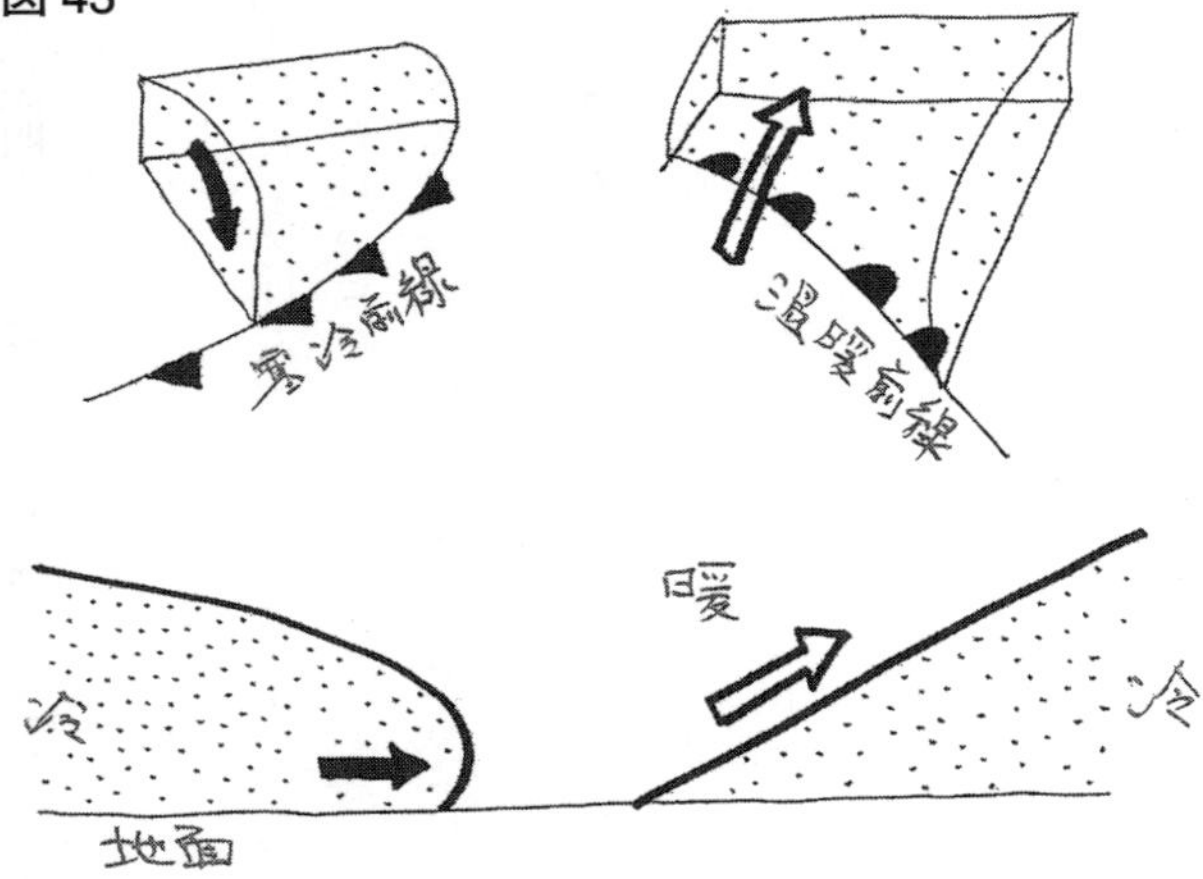

つまりイメージのスケッチは、理解を早めるための手がかりと割り切って描く（または、見る）必要があるということです。

理工学分野などのイメージスケッチでも、コンピュータで描くような厳密な図面や立体画像をつくるのがよいとは限りません。理論物理学でもより抽象的な世界を扱う分野、たとえば宇宙の謎に迫るさまざまな仮説や発見が登場しています。時空のゆがみとか余剰次元の存在など、日常生活とはかけ離れた話題ですから、想像力をフルに働かせることになります。

宇宙空間の大きさをとらえるのに、空間の曲がりぐあいのテーマがよく出てきます。三角形の内角の和は180度というのが常識で

図44

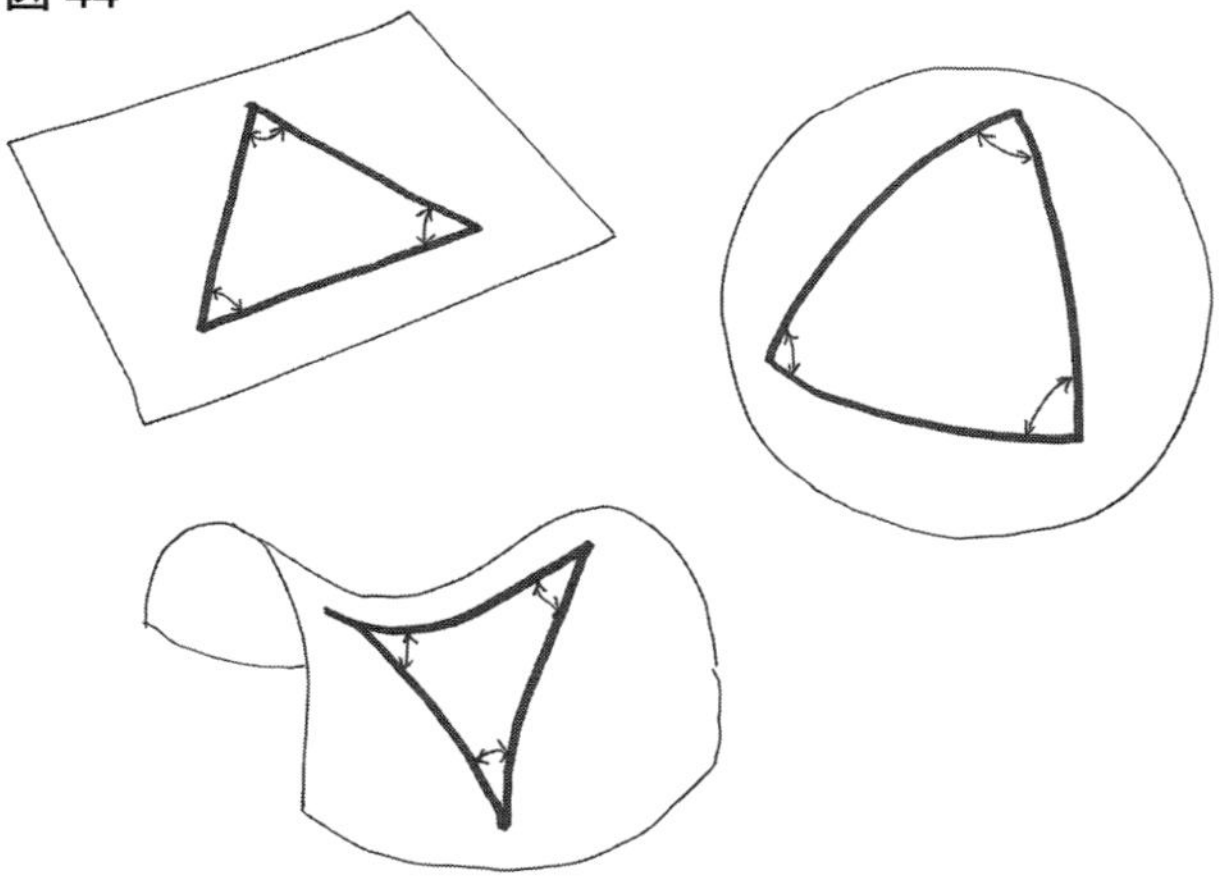

すが、空間がゆがんでいると合計は180度より大きくなったり、小さくなったりすると説明されます。はて、空間がゆがむとは？

この説明にも、簡単なスケッチがとても役立ちます。図44に示した3つの絵のうち、左上が私たちの知っている三角形です。右は球体の表面に描かれた三角形で、曲率は正となり、三角形の内角の和は180度を超えます。左下は反対に、三角形の内角の和が180度より小さくなります。スケッチに描けば一瞬で、ゆがんだ空間がイメージできるのではないでしょうか。

第四章

プレゼン力をアップする
――伝えるためのスケッチ術

†漠然とした大きさを伝える

図やスケッチで理解することは、プレゼンテーション（プレゼン）などで他人に説明することにも直結します。インプットした方法（図解）は、直接とまではいえなくても、応用すればアウトプットにも大いに活用できるということです。ここからはアウトプットにしぼって、もう少し踏みこんでみましょう。

自分のためのメモやノートと異なり、仕事相手と情報共有を図るためのスケッチは、ある程度、共通のルールを守る必要があります。意味が伝わらなければ意味がないのですから、最低限相手にわかるように描画を整えなければならないのは当然です。

商品のカタチをスケッチするときには、寸法が重要なのか、大きさは関係なく特徴だけ描けばよいのかの違いは重要です。

寸法を気にしないでよいならば、特徴をスケッチしつつ（場合によってはデフォルメして）、大きさについては漠然とわかる程度のメッセージ（文字・スケッチ）で補足すればいいでしょう。文字メッセージであれば、引き出し線などをつかって「ここからここまで、△○センチ」で大丈夫です。

大きさを伝えるためにスケッチを加えるならば、横にモノサシ（スケール）代わりになるアイテムを描くとしゃれたイメージになります。描くのは、さっと描け、見せたいものに関連していて、なおかつだれでも大きさをイメージできるものが原則です。

たとえば商品が文房具などなら、単三乾電池だとか、名刺などでしょうか。さりげなく描いたコーヒーカップやコーラの瓶などがスケールとしての役割を超えて、商品スケッチの雰囲気を盛り上げることもあります。当たり前のことですが、見せる相手や場面によって選別する必要はあるでしょう。

†カドを90度にすると描きやすい

直方体を描くとき、どの方向から見たスケッチだと線が引きやすいでしょうか。

見た目にわかりやすいのは、図45に示した角度で、いちばん手前のカドを描く方法でしょう。左は、縦横高さが交わるカドの角度がそれぞれ120度ずつのスケールです。360度のちょうど3等分になります。右は、交わる3つの軸のうち、ふたつの軸が直角（90度）に交わっています。残りは、他の軸とそれぞれ135度ずつ開いています。

どちらの描き方もスケッチでよく目にするので、それほど違いはないように思われるか

図 45

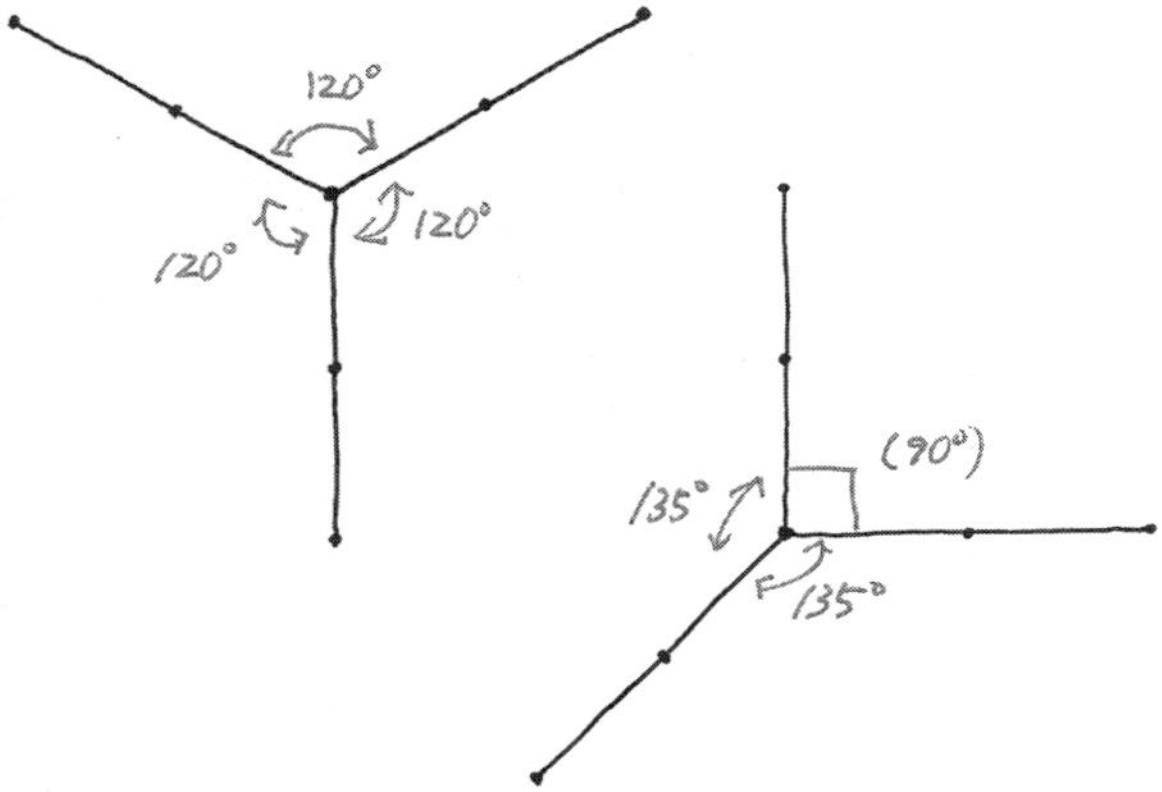

もしれません。しかし、実際にスケッチすると、描きやすさの違いは歴然です。

図46の直方体は、手前のカドを120度ずつで描きました。上が最初の形状です。商品の打ち合わせで、厚みを増やすか、長さを短くする意見がでたとしましょう。真ん中は厚みが増すイメージ、下は短くしたイメージのスケッチです。ご覧いただくとわかるように、図46はとても自然です。カタチの変更がストレートに伝わります。精密な縮尺で描いて、変更後の数値まで入れることも容易です。

図47はスタート時の形状と変更後の形状(厚みを増して長さを短くする)だけを載せた比較スケッチですが、これだけでも瞬時に違いがわかります。手前のカドを120度ずつ

図 46

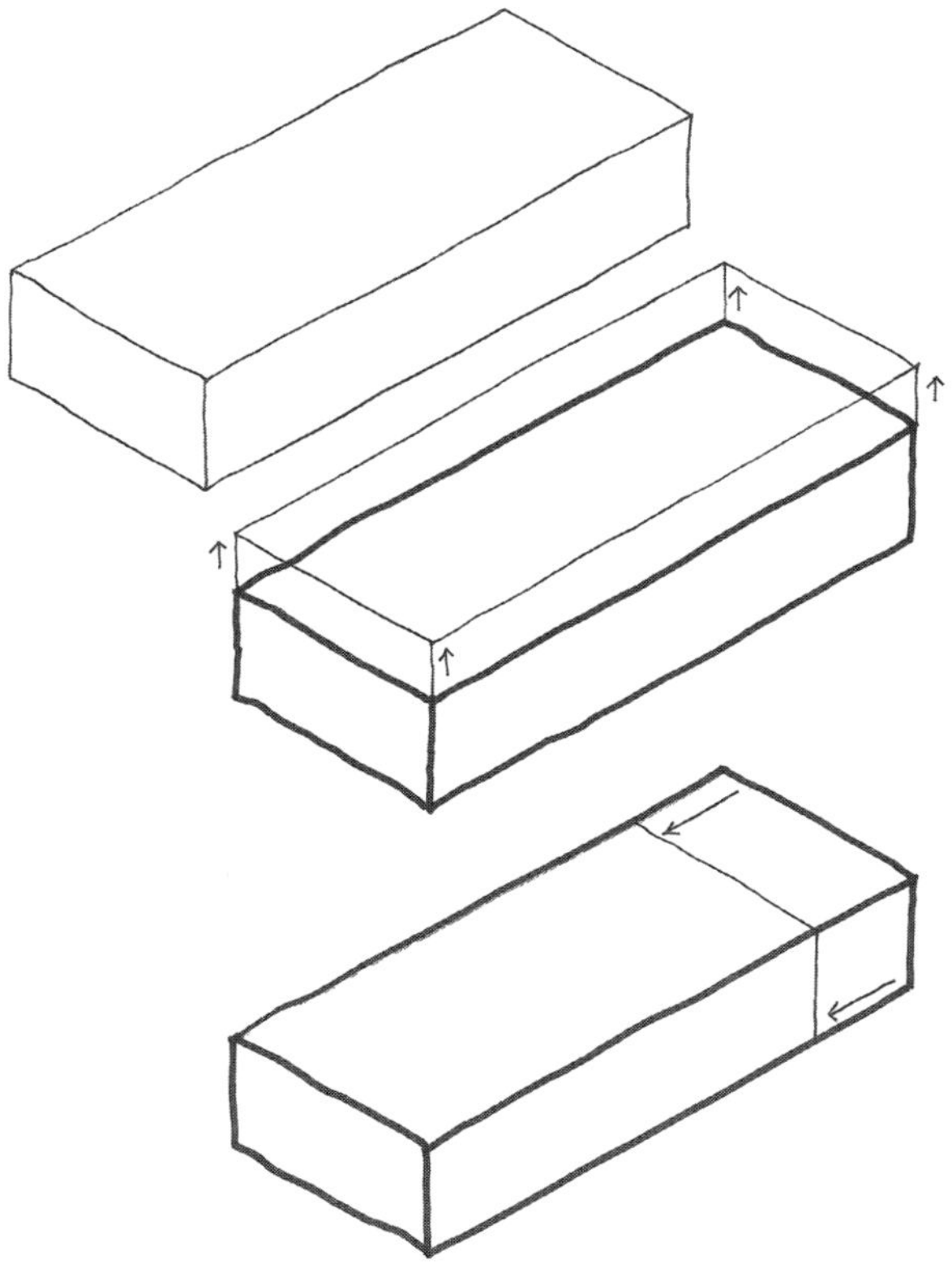

図 47

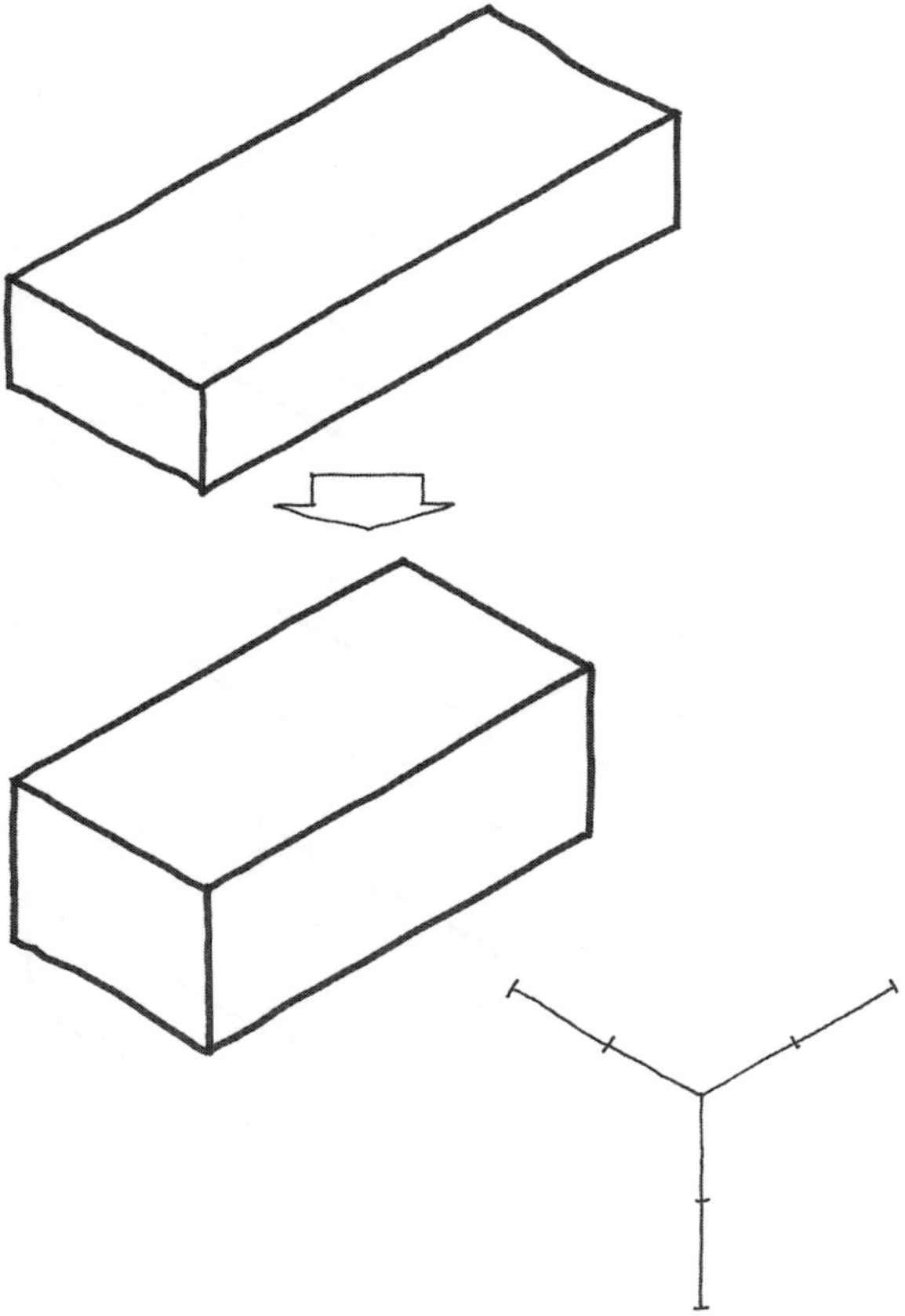

図 48

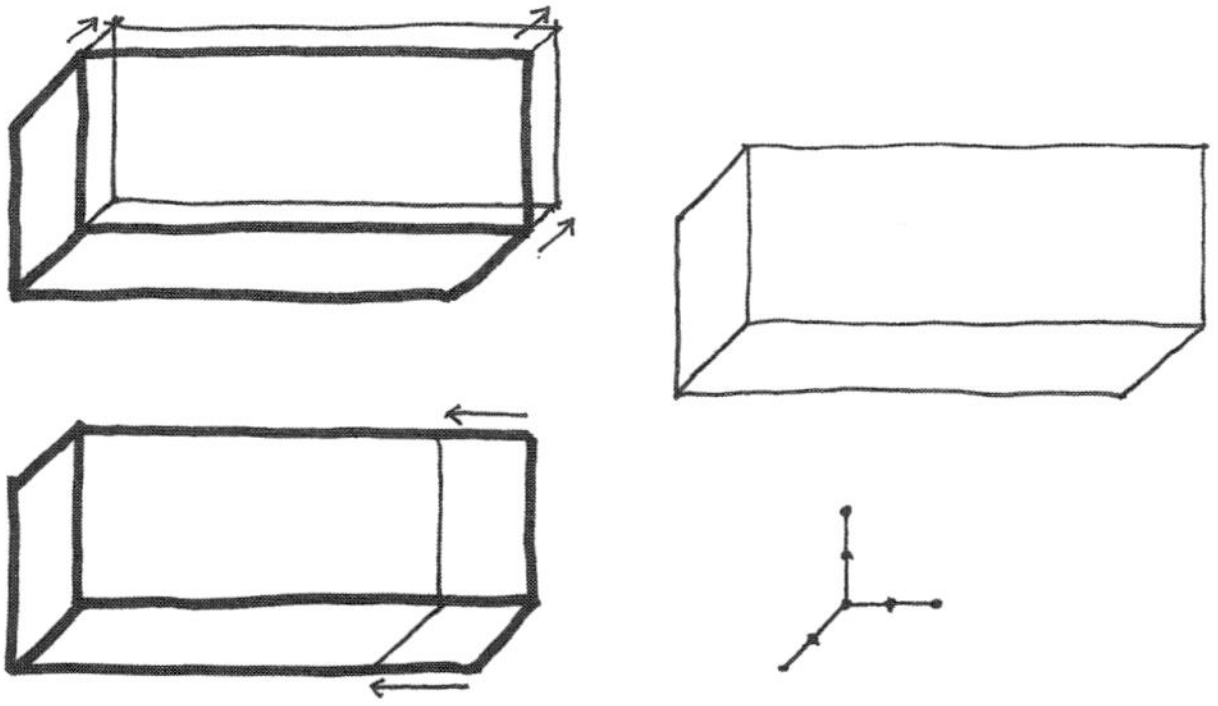

で描く表現によって、立体形状が把握しやすくなっていることがわかります。

ですが、ことはそう単純ではありません。この表現には難点があるのです。それは１２０度ずつの傾きが描きにくいことです。

３６０度を三等分するだけなので、そう難しいとは思えないかもしれませんが、実際に線を引いてみれば、なかなかうまくいかないことを痛感するはずです。

いっぽう、交わる３つの軸のうち、ふたつの軸が90度で交差するように描くとどうでしょうか。図48は、図46や図47と同じ比率の縦横長さの直方体です。右の四角い面を描いてから厚みを加えています。用紙の縦横に平行に合わせるようにすれば、直角はより描きや

図49

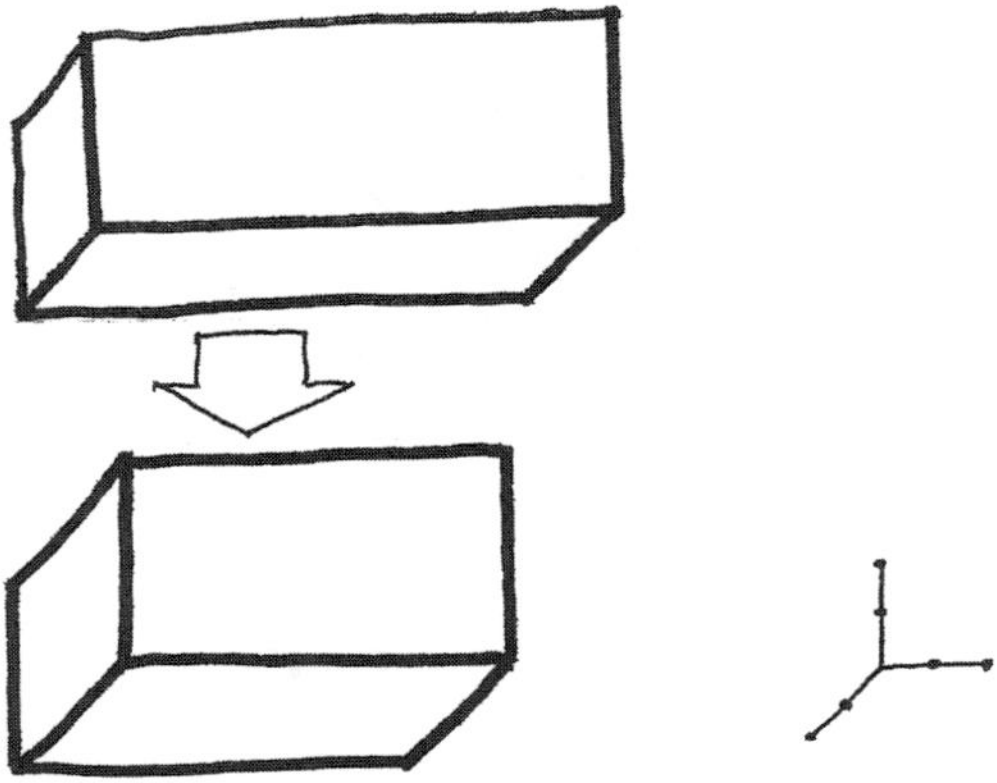

すくなりますし、ドットやグリッドの入った方眼用紙であれば、あっという間に表現できます。厚みは斜め下45度の方向に引きます。明らかにこちらのほうが、より作図しやすいでしょう。

図48でも上と下のスケッチは、打ち合わせスタート時の箱の形状を太い線で示し、変更があった部分をそれぞれの方向に対して細線で示しました。変更前後を図49のように並べてもスタート時と変更後の立体形状の違いがすぐにわかります。図47と比べて図49がわかりにくいということはありません。

あるいは、図50のように図形を45度回転させて描いてみます。上辺は図48や図49同様に90度ですが、こちらのほうが、より自然なス

図 50

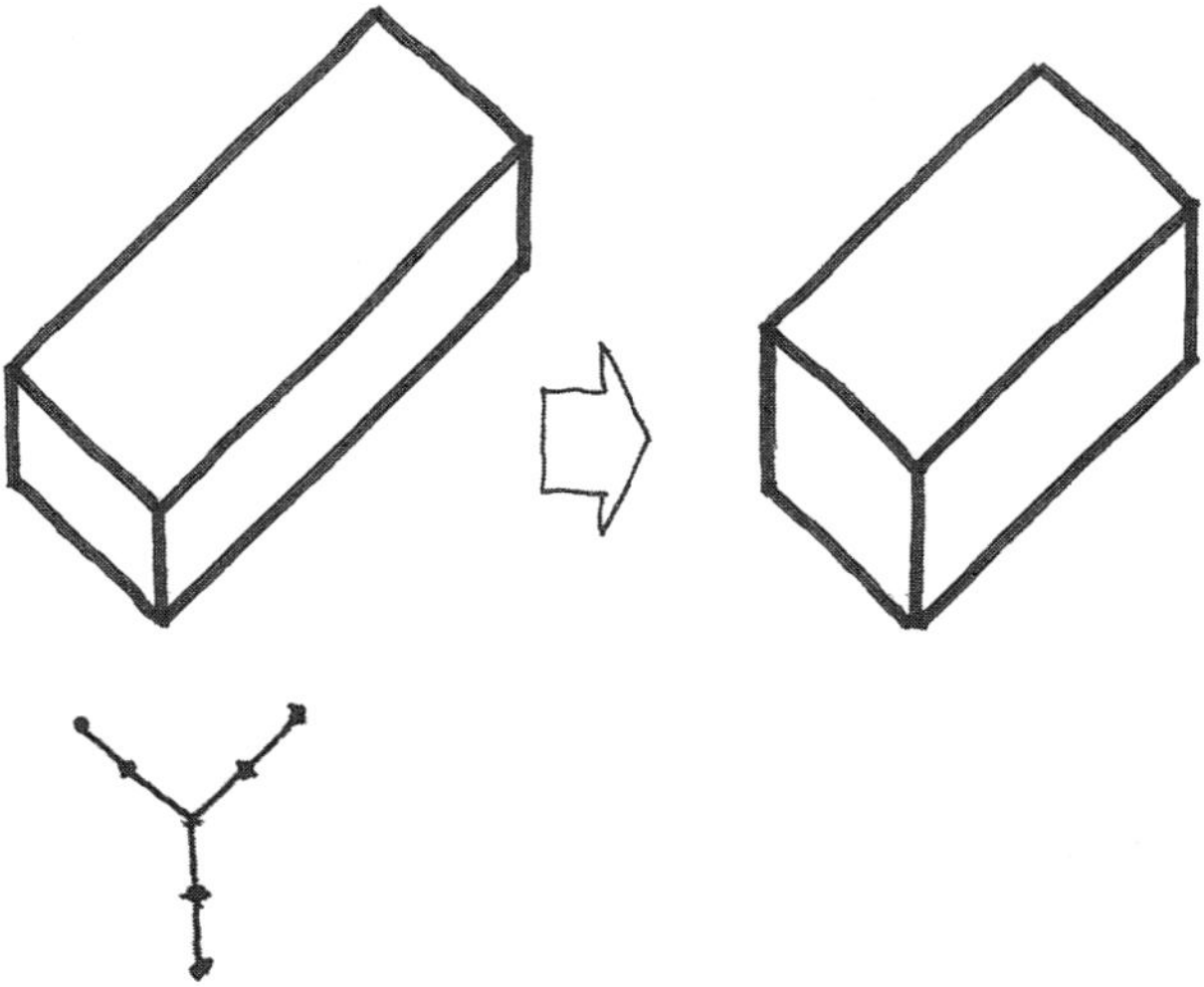

図 51

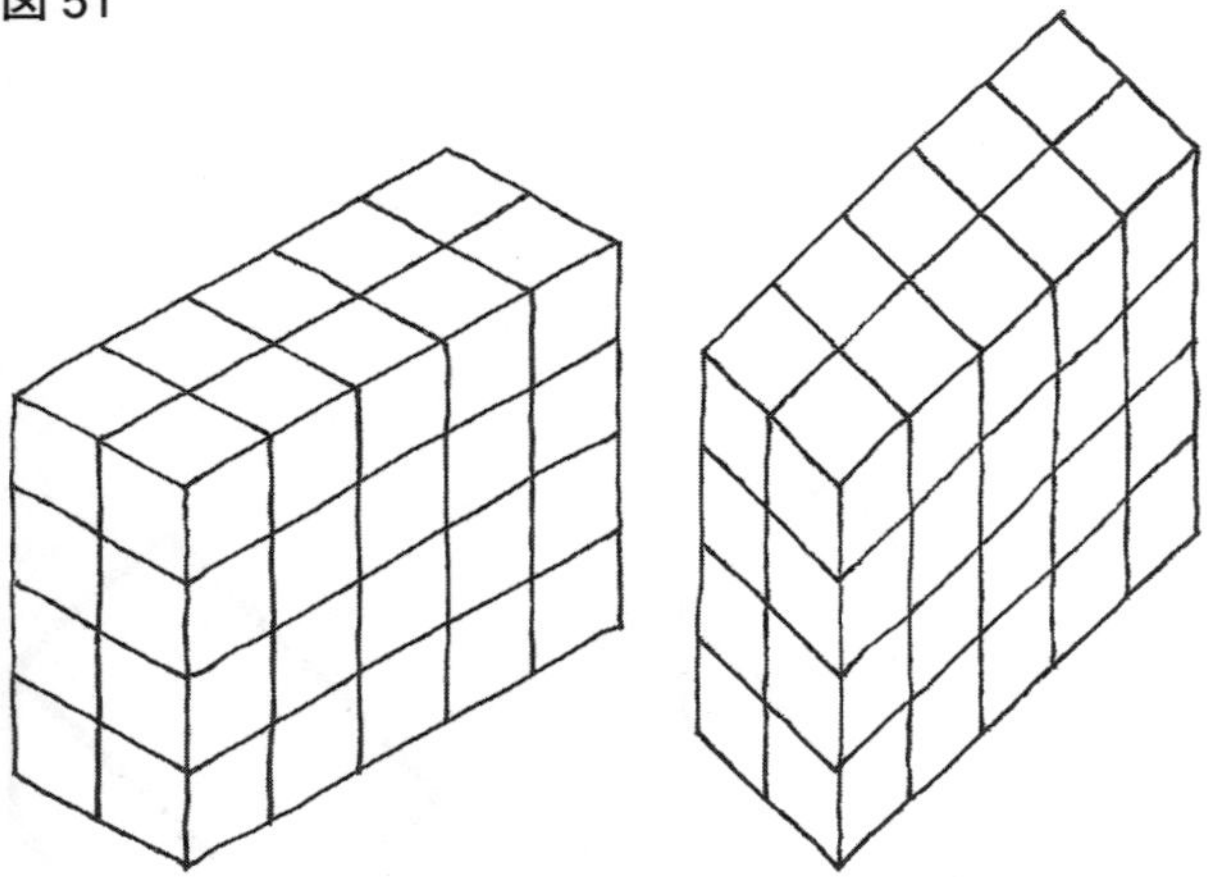

ケッチになっています。スケッチの初心者が仕事で素早く描く際には、図48や図50のような、直角をいかした描き方がもっとも現実的で、実践向きといえるでしょう。

自然に見えるのは120度

もう少し複雑な図で、角度の話を続けましょう。図51は、小さい立方体を40個積み上げてつくった直方体のスケッチです。手前のカドを、右は90度／135度／135度で、左は120度／120度／120度で描いています。

図52の上の6つは120度／120度／120度でカドを描いた立体、下の6つは90度／135度／135度でカドを描いた立体

図 52

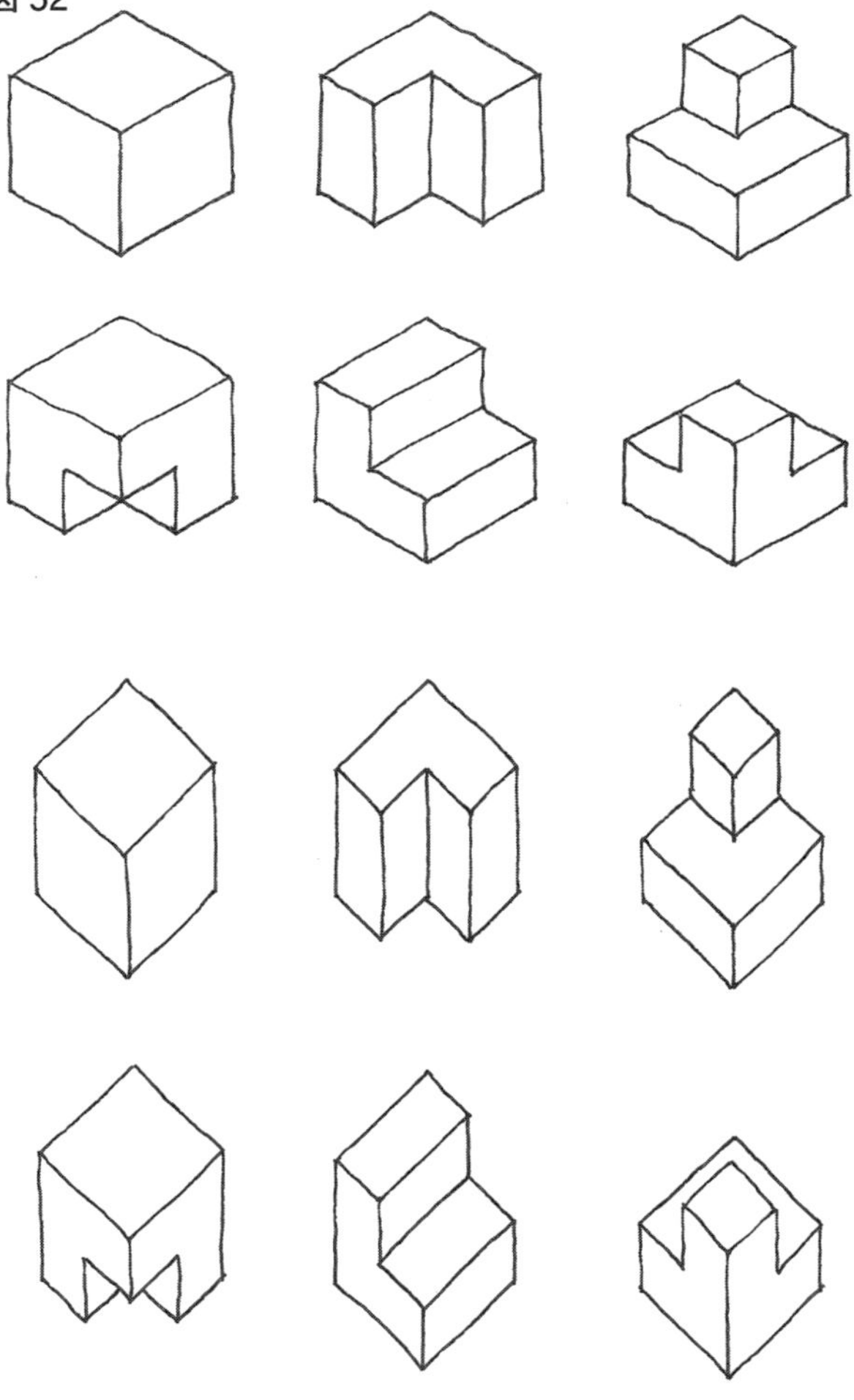

です。ご覧いただくとわかるように、図52の上下6つの図は、角度を変えただけでそれぞれ対応しています。

図51の左右や、図52の上下を比較すると、自然な感じがするのは、120度ずつの軸で描いたほうです。つまり、120度の傾きのスケッチは、うまく描けるならば、とても有効な表現なのです。

仕事でつかう即効性を考慮すれば、早く正確に描ける90度／135度／135度が実践向きですが、より自然に見える120度／120度／120度の立体表現を身につけたいものです。ふだんの生活で120度の傾きを描くことはほとんどありませんから、これには慣れや練習が伴います。ここに挙げた図52を繰り返し真似していただければ、3つの軸が120度ずつ交差する角度にも順応しやすくなります。

†寸法を反映させる

立体表現の説明が続きましたが、商品開発では寸法の情報やデータをスケッチに正しく反映させなくてはならないことが往々にして起こります。どうすればいいでしょうか。

まず方眼用紙が非常に有効であることは説明するまでもないでしょう。グリッドやドッ

図 53

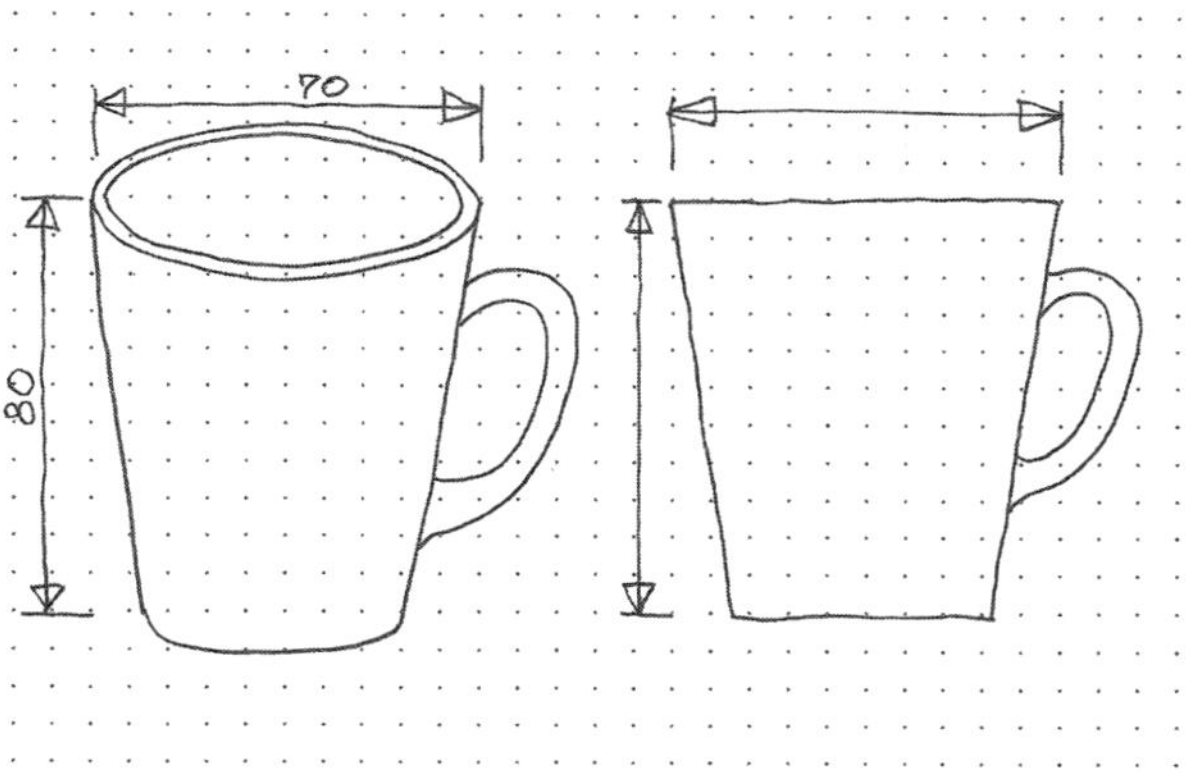

トのピッチを把握していれば、的確な比率で図が描けます。そして、奥行きをそれほど気にしないでよいならばばっさりと省略します。スケッチに寸法を反映させるなら、かならずしも立体表現がよいとは限らないということです。

図53は、簡単な形状のコップに縦横の寸法を入れています。左は立体表現に書き入れています。コップのカタチを理解する目的ならば、左のスケッチのほうがもちろんすぐれています。いっぽう右は立面の表現です。平面スケッチですが、寸法を示すうえでは、こちらのほうが正確に示すことができます。

つまり、どこからどこまでの寸法を示したいかということです。

図53左のように、なまじ立体形状だと、基準にしている部分がはっきりしない場合も発生するのです。この例でいえば、とくにコップの高さの表示です。図を見ただけでは、コップのふちや底の位置があいまいになりがちです。その点、右のように、立面だけを示す図に寸法を入れたほうがすっきりします。

さて、方眼紙ならば、フリーハンドで描けるこれらの表現ですが、ビジネスシーンでは、そうした用紙がかならず手元にあるわけではありません。それでもこうしたスケッチを描くことは可能です。

厚い紙ではできませんが、会社のコピー用紙ならば比較的薄いので、次のようなやりかたで対応できます。

まずは準備です。用紙の一部に、定規で1センチ、5センチ、10センチのスケールを描きます。モノサシがわりですね。描きたいものが、縮尺2分の1ならば、1センチ、5センチ、10センチの目印のところに、2センチ、10センチ、20センチ、と書いておきます。10分の1なら、10センチ、50センチ、1メートルですね。

その簡易スケールの上に、コピー用紙などを載せると、大きさの手がかりになる線がうっすらと透けて見えます。それを元にして形状を描けばよいでしょう。

†断面表現も有効

断面表現のスケッチを描いたことのある方はいらっしゃるでしょうか。任意の部分で切断したと想定した図です。断面表現に親しんだことのない人にはわかりにくいかもしれませんが、肝心なところを外すことなく図化できますから、あらゆる分野の専門家が多用している表現です。見慣れれば、どの部分で切断したかだけで、伝えたい内容まで具体的に想像できます。

簡単な例を挙げましょう。図54は、いずれもある程度寸法を考慮したスケッチです。左上のスケッチは、自動車のタイヤの断面です。「＊1」「＊2」は打ち合わせで検討された形状や仕様についてのメッセージですね。

他の3点は住宅関連です。右側の上下は住宅の断面で、上のスケッチでは天井の高さや地下室と地盤との関係から、地下室の法的なチェックをおこなっています。下のスケッチでは前面道路と宅地との高低差を利用した車庫と住宅との関係を示しています。どちらも断面によるチェックが合理的な内容でしょう。

左下のスケッチは階段の断面を示しています。細部の検討で、足をひっかけやすい部分

図 54

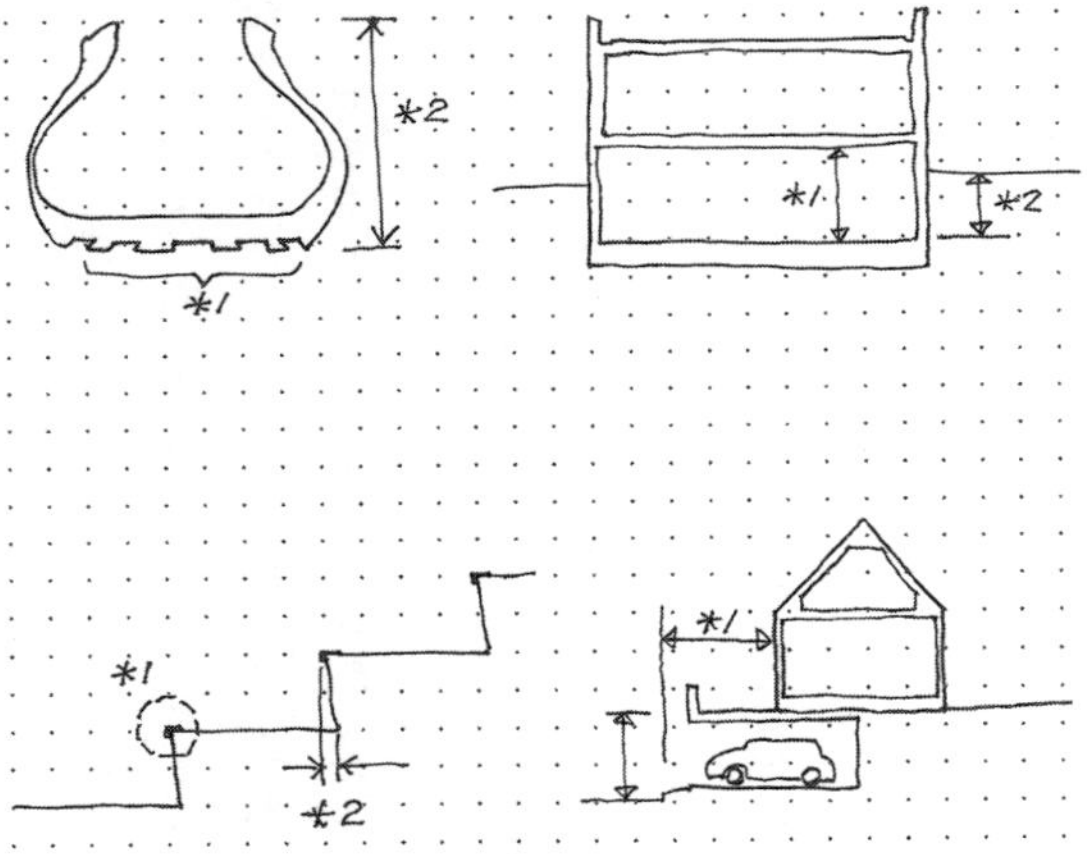

の材質や形状などについて話し合ったミーティングのメモでしょうか。

図54のスケッチは、どれも精密なものではありませんが、寸法を意識しています。このくらいならば、描写に時間はかかりません。表現したいテーマにもよりますが、せいぜい1分以内ですから、断面表現は実践向きです。

†プレゼンの肝はインパクト

プレゼンに参加するには、あるレベル以上の実力、アイデアなり企画力なりがあることが前提です。本当にすぐれたプレゼンとは、提案内容が同レベルのライバルを超える魅力的な付加価値を提示できるかどうかにあるといえます。同じレベルならインパクトのあるプレゼンが勝つのが道理です。

まず導入として、私自身の経験から始めましょう。

私が、20歳に満たない学生のときのことです。都市や建築のプレゼンテーション演習の授業はありましたが、盛りこむべき情報一般や形式的なルールの話ばかりで、まだ「プレゼンの見せ方」は習っていませんでした。

ある日たまたまなにかのポスターで、白黒反転の図像を目にして、これは訴求力がありそうだと直感したのでした。そこで、厚紙のボードに黒い紙を貼り、写真をレイアウトすることにしました。それはもう見違えるほどのインパクトになりました。白い紙にふつうに写真を並べたのと比べると雲泥の差でした。たったそれだけで、相手に強烈にアピールできたのです。

文字は白いポスターカラーで書きました。文字は白で表現すると、あきらかに目に飛びこむような迫力になります。

ともあれ、プレゼンの条件である「インパクトある独自表現」に、早くから自分で気がつけたといえましょう。実務の世界に入ってからは手作りではなく、真っ黒な台紙の美しい写真アルバムを購入しました。重要なクライアントにはその黒いアルバムをもって、気合を入れてプレゼンにのぞんだのでした。白いスケッチの線は、黒地に相当に映えました。ただ、そういうアルバムは当時高価格でしたから、いつでも気楽につかえたわけではありません。

†黒い紙に白いペン

デジタル全盛時代ではありますが、このアナログな「白黒反転の資料」によるプレゼン

図 55

の存在感は小さくないと思います。

スケッチはふつう、ペンなどで白色かクリーム色の紙に描きますが、ペンと紙の関係を逆にして、黒い紙に白いペンで描くのです。単に白と黒との反転に過ぎないように思われるかもしれませんが、相手に与える心理的インパクトは想像以上に強烈です。とくに目の前で真っ黒なノートを取り出した瞬間に、まず仰天されます。

白と黒のペンを比べると、同じ線幅であっても太い線で引いたように見えます。白い線のほうが主張する色（膨張色）であるため、収縮色である黒い線より、線の存在感が大きくなるのです。

図55は身近なもの中心に、図56は建造物中

図56

心に、黒い紙に白い線で描いたものです。もしこれら一連のスケッチを、同じ線幅で通常のように白い紙に黒い線で引いたとすると、もっとおとなしい印象を与えるはずです。

図57には、ビジネスで目にする図解を描きました。たとえば左上のような図は企業同士の合併と持株会社への移行を示すときに目にしたりします。左下の折れ線グラフはたとえば商品の販売力と売上関係に加えて自社の商品の位置づけと販売戦略を練るデータの表、右下は空間コンセプトの表現です。これらはそれぞれ10秒程度でささっと描きましたが、自分で説明しながら描くことで、目の前の相手に正確な意図とインパクトを伝えられます。

図 57

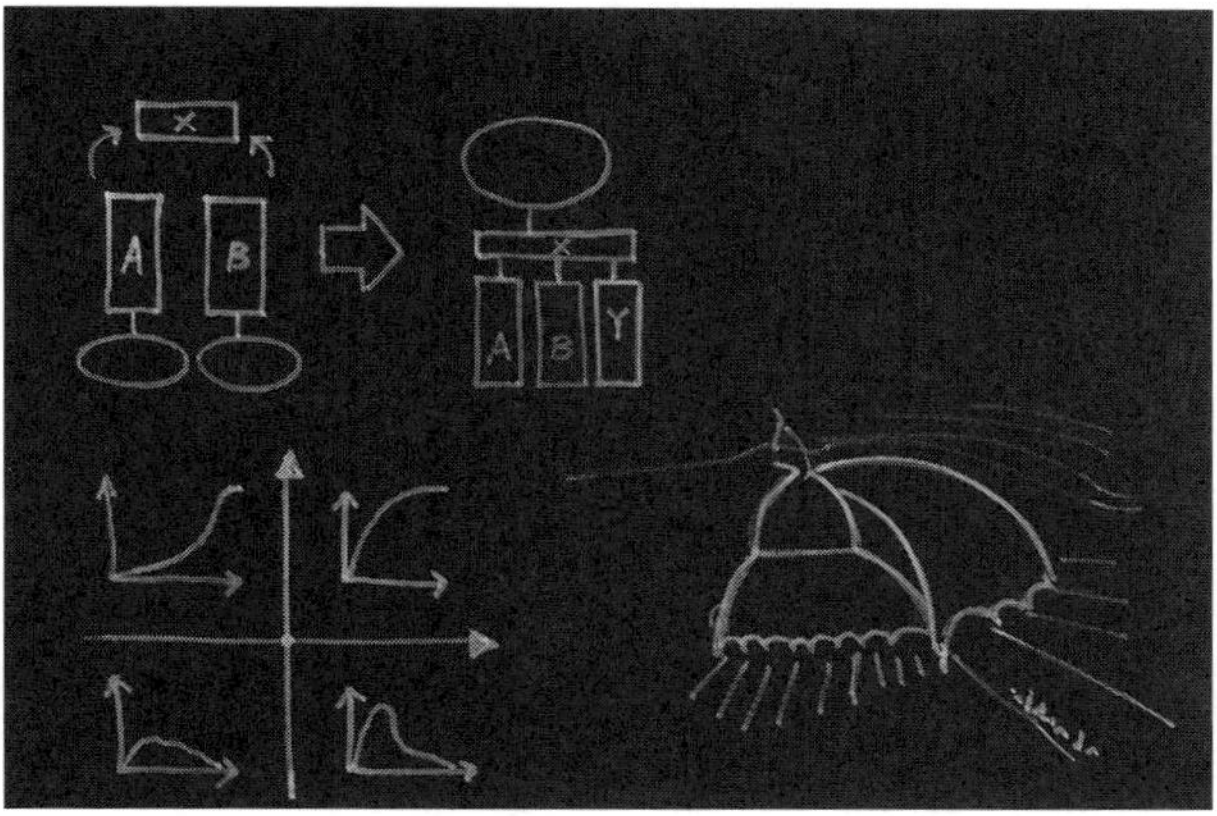

†表現方法で印象は大きく変わる

黒い紙と白いインクの組み合わせについて、修正液はひとつの選択肢です。修正ペンは乾きが遅いため修正テープに変更してしまったという方でも、まだつかえる修正ペンがひきだしに残っていませんか?

別名ホワイトというくらいですから、修正液はかなり強い白色です。黒い紙の上に線を引くと相当に目立ちます。

ボールペンの中には白インクの製品があります。紙だけでなく、金属やプラスチックでも大丈夫な白いペンもあります。いずれにしても特殊な用途を想定しての製品です。黒い紙でなくても濃い色の用紙ならば見えますし、下地が紙とは限らない可能性も想定して、文具店で製品を見比べてみるとよいでしょう。

本来はアルバム用なのでしょうが、黒い紙のリングノートも最近は珍しくないですし、視力の弱い方用に開発された黒いノートや、もって歩ける小さい黒板と白チョークのセットも売られています。

繰り返しになりますが、「黒紙に白インク」の組み合わせの最大のウリは、線がくっきりと目立たせられることです。メッセージであれ、表であれ、ひとつひとつのアイテムにインパクトが出るわけですが、ソフトな表現ができないのかといえば、そんなことはありません。

黒い紙をつかったスケッチについて、ビジネスシーンよりも趣味的な用途ですが、参考までに補足しておきます。

たとえば図58は、私が夜景スケッチの可能性として提唱している表現技法です。銀座の夜景を、黒い紙に白色で描いています。横断歩道はやや暗いラインとして薄い白にしていますし、正面のビルに当たる間接光もグラデーションで表現しています。濃淡の異なるいくつかの画材を組み合わせていますが、こうしたタッチによる表現も可能ですから、描きかたによっては白インクがかならずしもクッキリ目立つともいいきれません。

図58

図59

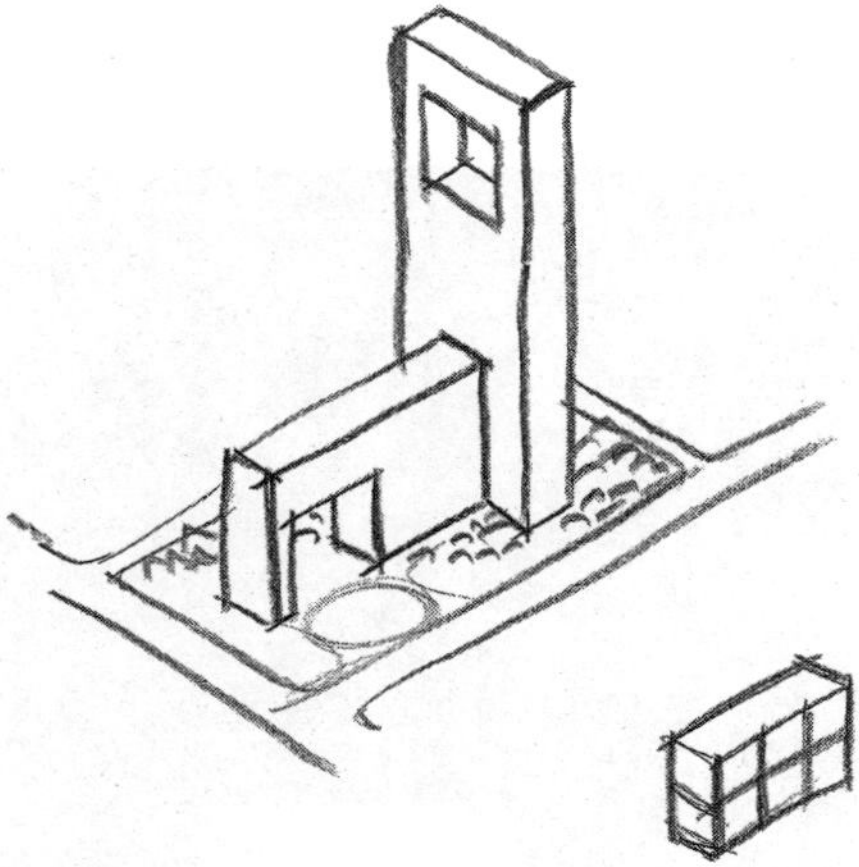

ちなみに、この例では、白いボールペンと修正液、それに白いクレヨン、特殊な白い色鉛筆をつかっています。描くのにかかった時間は2分程度です。

†タッチの使い分けと即興の迫力

私は都市開発の実務に長く関わってきましたが、プレゼンはとても重要な位置づけでした。図59はいたってラフに表現した建物のイメージスケッチです。右下にある直方体は、大きさの目安となるスケールです。細いペンで建物の輪郭線をくっきり出すと、図60のようになります。簡単に面も塗りこんでいます。つかう道具によりますが、このくらいならば時間はあまりかかりません。

図60

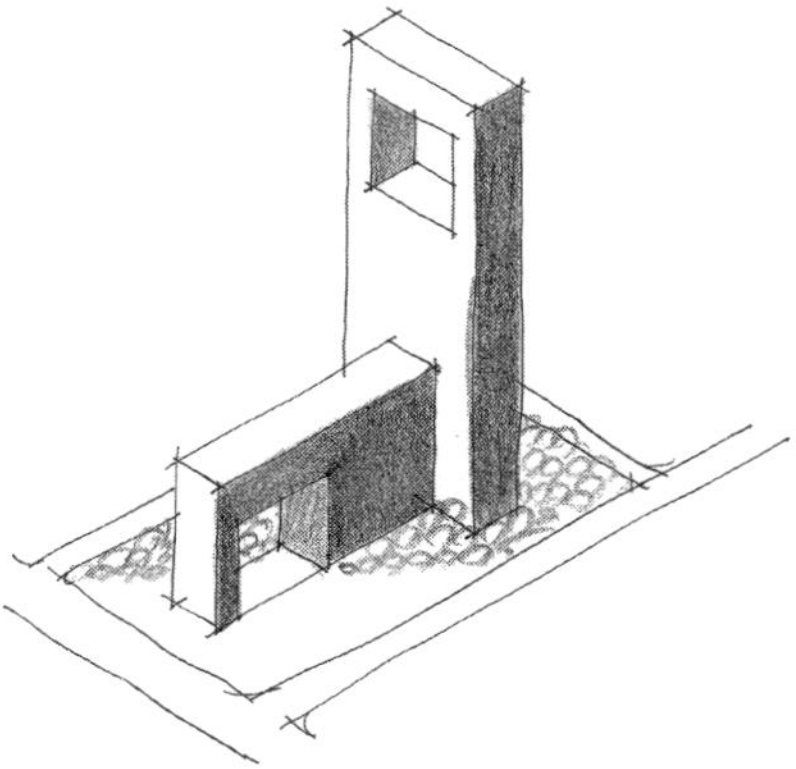

描く文具が違うと、こうもイメージが異なります。この使い分けができることが、スケッチの魅力のひとつです。どちらも、敷地に対してシンボリックな特徴や正面の配置などを示すスケッチである点は同じですが、雰囲気は大きく変わるのです。

相手やテーマによって「絵のタッチを変える」というのは難しく考えられがちですが、描く道具を変えるだけでも、こうまで違って見えるのです。クライアントの目の前で見せれば、インパクトは何倍にもなるでしょう。

図59も図60も描くだけならせいぜい1、2分ですが、法律や条例などの規制の把握と制約のチェックには気を遣って描いています。

一般的に構想案の提示といいますが、この

スケッチは設計に入る前段階の、計画案づくりでのイメージスケッチです。どんな考えやコンセプトをもってカタチにしているのかを、スケッチをつかって提案しています。正確に写し撮るイメージ写真ももちろん多用しました。けれど説得力をもつのはイメージスケッチによる提案でした。私は、構想段階のイメージであっても制度面での制約や条件、コスト、構造などのチェックをかなり詳細におこなって、計画や設計に反映させていました。

構想案なのですから、実現性を度外視した大胆な提案も多く盛りこむべきでは、という声もあるかもしれません。イメージですから、詳細なチェックが反映されていることなどまったく感じさせないわけですが、実際は建物の容積、フロアの構成はもちろん、さまざまな法規制などを吟味したうえでのスケッチです。ラフなイメージのように見えて、そうしなかったのには理由があります。

プレゼンの最中に質問がでたときなど、それを実感します。クライアントから、条件を少し変えたときにそのイメージはどうなるのか、と聞かれたとします。事前調査をおこなっていますから、即座にイメージを修正し、しかもその場で、イメージスケッチを描きなおすことさえできてしまうのです。すぐにできるというのは、クライアントの懸念や希望を理解しているというアピールにもなります。

何度かやりとりしていくうちに、その場でクライアントが満足する提案内容にまでもっていくことができます。こうした点も、写真にはないスケッチのチカラです。

†ホワイトボードが苦手なら模造紙

スケッチから離れますが、模型をつかったプレゼンも強烈です。スケッチ同様、視覚に訴えることができます。立体模型も、クライアントの問いかけに即応できるように、あらかじめパーツを考えて組み合わせてつくればベストです。しかし、デメリットも少なくありません。立体模型は作製や移動に手間がかかります。パーツをあまりこまかくしすぎると模型の強度が不足しがちになりますし、模型自体が見苦しい感じになります。

ホワイトボードの使用も、いまは一般的ですね。紙に描くのと違い、壁にかかったホワイトボードや黒板などに描くには熟練がいります。縦のまっすぐな線を引くだけでも慣れないと簡単ではありません。

とはいえ、せっかくですからきれいに描きたいですよね。場所や参加人数にもよりますが、かならずしもホワイトボードをつかわなくてもいいのではないでしょうか。ホワイトボードが苦手なら、やや大きめの白い模造紙をテーブルに広げてスケッチするほうが、スマートな絵になります。ただし、大きな模造紙で失敗すると消しにくく描き直しにくいですから、あらかじめ模造紙にスケッチや説明を書いておき、追加予定の文字や矢印なども、切り抜きした厚紙を準備しておくといいですね。

パワーポイントをつかわずに文字の上に紙を貼って説明の順番でめくっていくとか、あえてローテクにすることで、面白みのある表現はどんどん工夫できます。

いずれにしても、スケッチやイラストも必要に応じて描きながら、プレゼンの参加者がおおっと感心する説明ができるか、そういう雰囲気にもっていくことが目標です。

†自分の表現を磨く

パソコンをつかえば、より複雑な図像表現が可能になっています。デスクトップ上で、文字や画像、記号などを組み合わせて、クライアントや上司のさまざまな要求を素早く反映させることができます。現代は、十分すぎるツールが、ビジネスマンの手中にあるといってよいでしょう。

それなら、パソコンによるプレゼン技術をひたすら磨けばよいか、最新の高価なソフトをそろえればよいかといえば、私はそうは思いません。その理由は非常に簡単です。ふつうにだれもが使用できて活用できるパソコンのプレゼンツールであるほど、ふつうの評価とインパクトしか与えられないからです。

よく指摘されることですが、プレゼンに臨むクライアントは、プレゼンターが思いいだく以上の期待感をもって話を聞いています。ここでいう期待感とは、一定以上のレベルの提案が出てくるであろうことは前提なのです。それ以上の、いい意味での驚き、さすがと思わせるなにかを提示できたときに、期待に応えてくれたと評価されます。

プレゼンターからすれば、パソコンなどで無難につくった資料で、それなりに相手に伝わったと思いがちです。いつでもだれでもそうならば、クライアントや上司も同様に思っているかもしれません。そうであれば、パソコンで見栄えよさそうなプレゼン資料を作成すること自体は、悪くないかもしれません。

けれど、一歩差をつけるなら、他と明確に差別化できる表現方法を模索するべきでしょう。内容に自信があるなら、よりいっそう表現に対する努力も必要です。プレゼンの核心は、自分のことばによるメッセージであり、独自表現だからこそ、それが相手に伝わって感動を呼ぶレベルに達するのです。

さらに、プレゼンの場では、質疑応答にその力量が試されます。あなたの話を聞いているクライアントが突然質問するということはよく起きます。プレゼンターであるあなたが、当意即妙のやりとりができれば、クライアントの満足度はとても高いに違いありません。相手はそこを見定めていると思ってください。

それは、お決まりの説明の範囲を超えたときに、とくに顕著になります。本書の趣旨にのっとって考えれば、必要に応じて、その場でささっとイメージを描くチカラを備えているかどうか、となります。

第五章

スケッチで考える

——描けばアイデアが浮かぶ

†アイデア発想と具体化の間

スケッチしながら発想するヒントについて説明します。本書では、広範囲なビジュアル表現をスケッチの働きとして取り上げてきました。カタチのあるものにまつわるアイデアであれば、ことばで表現するよりもスケッチでその姿を描くほうが自然です。情報システムのネットワークのような、カタチを描きにくいことについても、図解などのビジュアルイメージで全体像を描くことができます。同様に、抽象的な「サービス」のような分野も、網状のパターンや関係図で示すことが不可能ではありません。私は、アイデアスケッチの実践例をさまざまなビジネスシーンで見てきました。

相当に具体的なイメージが浮かんだとします。それが立体物であれば、3次元の表現で、わかりやすい立体イメージが描けます。そうなのですが、私の結論からいいますと、それはあくまで「思いつき」だということを念頭においてください。

仕事のアイデアを具体化するまでには、詰めなければならない細部（ディテール）のチェックがあります。時間をおいて再び見返すことで気づく粗も多いものです。アイデア段階であっても、だれかに相談するなら、相手に時間を割いてもらわなくてはいけません。

つまり、実現可能かどうかまで考えてからアウトプットするのがエチケットです……というのが建前です。

こんな建前をあえて申し上げたのは、アイデア出しにスケッチを利用するハードルを下げていただきたいためです。じつはこちらのほうが重要なのですが、漠然とした思いつきのスケッチは、往々にしてグチャグチャな落書きのようなものになります。でも、それでいいのです。自分だけしか見ないものですから、汚く描いたり、突飛なものどうしを結びつけて考えたり、同じページにぜんぜん関係ないテーマが割りこんできたりしても、恥ずかしいことはありません。

第三章でお話ししたスケッチメモになぞらえるならば、奇抜な発想という心の声をスケッチメモに残すといいかえることもできます。

†落書きの効用

落書きと聞くと、ネガティブなイメージを抱かれるかもしれません。紙の余白に、15秒とか30秒といった短時間でちょこっと絵を描く、文字通りの落書きです。しかし、落書きには発想や着想を得るうえで、あなどれない効果があります。

つくば万博の仕事で多忙を極めていたころ、私は会議や打ち合わせの資料の余白に、三角形の集合したパターンを描くことがありました。最初はひとつの小さな三角形なのですが、隣り合う三角形を描き、またその隣に三角形を描く、という具合に、どんどん増殖していきます。カタチは不規則なのですが、三角形がある程度の数になると、カットした宝石のようになります。また、不規則性の中にも規則はあり、動きの方向をらせんにすると、オウムガイの殻の立体形状を彷彿とさせる三角の集合にも見えてきます。

仕事の合間の休憩中に、そういうスケッチをぼんやりと描くことで、気分がすーっと落ち着きました。

あるいは会議中に、小さくコーヒーカップのスケッチを描くこともありました。もちろん、会議の内容を聞き、しっかり考えていますから、手が自動的に動いているようなものです。不思議なことに、コーヒーを飲みながら打ち合わせしているような気持ちになって、集中力がアップするのを感じました。

じつは、そんな落書きをしているときに、アイデアがわく経験が何度もありました。

理由は定かではありませんが、私はスケッチを描いたときの高揚感がヒントになると考えています。スケッチを描いたことで、まず大きいのは気分転換です。気持ちが爽快になり、ふっとアイデアが浮かぶかもしれません。好きな音楽を聴いたり、煮詰まったときの喫煙(私はタバコを吸いませんが)と同じように、思いもよらない思考の展開が起きるのです。セレンディピティといっていいかもしれません。スケッチを描いたことで、その扉が開くという感じです。

人によって気分転換のスケッチの題材やイメージは同じではないと思いますが、「手が自然に描いてしまう」ような、単純な絵がいいと思います。その意味では、第二章でふれた、基本の立体図形のスケッチはおすすめです。単純な立方体、直方体、円柱、円錐なら、無意識に描けるようになります。カドが120度の立体でもいいでしょう。これらの描写に慣れることがスケッチ上達の第一歩なので、まさに一石二鳥です。

†ひらめきメモはすぐに

さて、突然ひらめいたアイデアをカタチにしたいとき、どうすればいいでしょうか。まず大切なことは、ひらめきを忘れないことです。メモ術などの本にはかならず書かれていることですが、本書でも繰り返します。筆記具をいつも手元に置き、その場で書き留めておくことは必須です。

ひらめきはだいたい、三上《さんじょう》（厠上、馬上、枕上）ということばもあるように、ひょんなタイミングで浮かびます。トイレに入ったとき、電車に乗ったとき、お茶を飲んでいるとき……。ふわっと、なにかがひらめいたときに、その漠然としたものは、うっかりすると、すぐに消えてしまいます。持続的でないからこそひらめきなのです。どんなに記憶力に優れていても、すべてのひらめきを覚えていられる人は決していません。経験的には、せいぜい数分以内です。その間に書き留められないと、そのひらめきの大部分は消えてしまいます。理想をいえば、1分以内でしょう。もちろん、人によりますが。

書き留めておく手段はふたつあります。ひとつは文字情報として、もうひとつはスケッチや写真といったビジュアルな方法です。本書の趣旨からすると、文字とビジュアル両者を組み合わせて書き留めることができればベストです。

控えておく内容ですが、アイデアの核心部分はどこにあるか、そのアイデアが重要なものかどうかを考えている暇はありませんから、思いつくままに記すしかありません。それらのヒントのひとつ、ふたつでもそのあとに、新サービスの開拓につながったり、商品の改善に貢献するならば十分すぎるといえましょう。

†写真メモ

筆記具と紙の組み合わせはアナログの世界ですが、いまは情報技術を活かした多様なツールを駆使できる環境にあります。デジタルツールを利用するほうがいい場面は少なくありません。写真メモはその最たるものでしょう。

私もデジカメやスマートフォンをふだん携帯しています。メモするかわりにデジタル写真に残すことは多く、そうした画像だけで年間に何万枚にもなっています。パソコンに画像を保存するまではよいとして、撮りためた数十万枚のデジタルデータのなかから、必要な画像をどうやって探し出すかについて試行錯誤してきました。

5、6年前から、私は表計算のエクセルをつかって写真の整理をしていますが、まったくストレスなく欲しい画像が得られるので、おすすめです。エクセルに打ちこむデータは、日付と出かけた場所（駅名など）の情報だけです。パソコンに写真を取りこんでいる間に、せいぜい1分くらいの手間で終わります。

必要な画像がいつごろのものだったかという「時の記憶」はすぐに消えてしまうものですが、「場所の記憶」はエピソードとともにかなりはっきりとおぼえているものです。パソコンに画像を取りこむ際、自動で機械的に撮影日時も保存されています。作成したエクセルデータには時間と場所が書かれていますから、検索によって必要な画像に関係する候補の日が洗い出せます。結果として、数分以内で欲しい画像にたどり着けるのです。

†便利なツールがなければつくる

アイデアを具体化したり練ったりするときに私の経験からも、知っておいて損はないと断言できるスケッチ手法とツールの組み合わせがあります。

図61をご覧ください。これは私が二十代に描いたスケッチです。収納ボックスの検討で、形態だけでなくサイズなどについての細部も反映して描いたときのものです。図61は図面のようなやや硬い雰囲気ですが、これもスケッチです。かなり前のもので手元に少ししか残していないため、例としてこのスケッチを出しましたが、描かれたものが重要なのではありません。ここでお伝えしたいのは、ツールとつかいかたです。

用紙は、トレーシングペーパー（トレペ）という薄い用紙です。その上に、水性のドローイングペンで線を引いています。定規はつかわず、すべてフリーハンドです。面は、マーカーの一種をつかい、均一に塗っています。

図 61

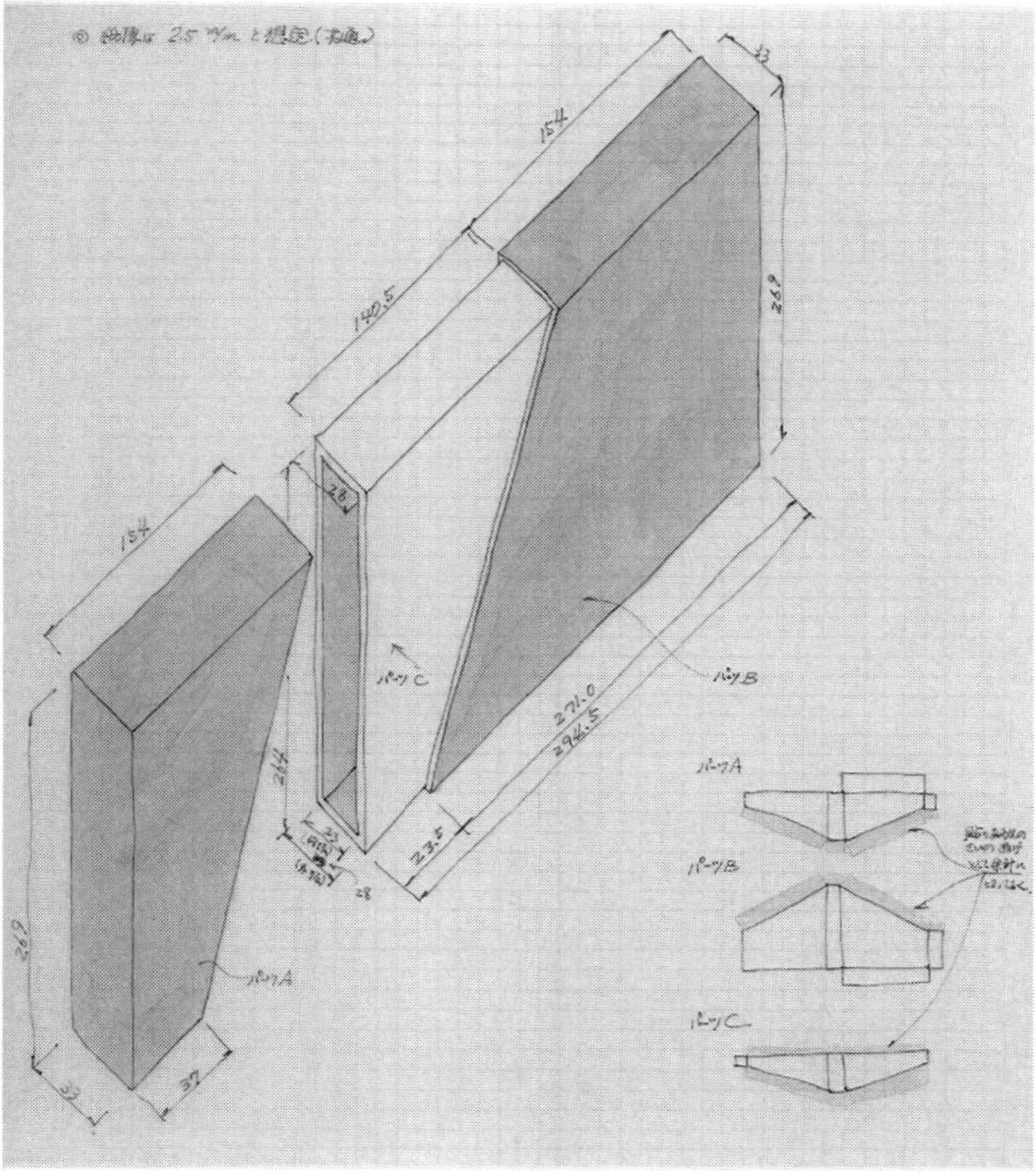

154
140.5
154
33
269
28
パーツC
パーツB
271.0
294.5
23.5
269
パーツA
33
37
パーツA
パーツB
パーツC

トレぺは、トレース（なぞり描き）用の紙です。なんらかの情報をそっくり写し取るためのツールですが、私の経験からすると、つかいかた次第で思考を補助し、飛躍させるうえでまたとない道具です。実際に、私がどれだけトレぺによって助けられてきたかわかりません。

図61のトレぺですが、方眼紙のようなグリッドのメッシュが入っていることに気づかれたと思います。当時、こういう商品はありませんでしたから、青いグリッドを印刷したトレぺを特別注文していました。

ちなみに、このグリッドは、縦横の線間隔が4・5ミリでした。この4・5ミリというサイズの間隔は、私の仕事（都市設計、建築）に都合のよい5ミリでも、6ミリでもありません。どうしてそうしたかといえば、きっちりと寸法を反映したスケッチを描くのではなく、文字の筆記にも重宝するものにしたかったという理由です。

心地よくメモを書くとき、私にとって5ミリのメッシュは広すぎたのでした。まして6ミリのマス目ではなおさらでした。反対に、3ミリに1文字ずつ入れようとすると今度は狭すぎです。このあたりに、サイズやピッチをひとつに絞る難しさがあります。

当時の私は、文字を書くのに3ミリより大きく5ミリ未満の正方形に1文字ずつ入れると、ちょうどよいと感じていました。あとは、トレペを裁断したときの大きさとの兼ね合いなどから、4・5ミリのグリッドに決めてテストでつかいはじめたらつかい勝手がよかったため、本格的に発注したというわけです。仮にグリッドが4・5ミリでなく、4ミリのメッシュであったら、どうだったか。おそらく心地よくつかったでしょうね。その証拠に、一時期つかっていたシステム手帳には、3・5ミリメッシュの方眼紙をセットして、不都合なくつかっていましたから。

結果的にこの4・5ミリメッシュの方眼紙は、スケッチにもつかいましたが、文字の記述しやすさを重要視して決め、その後も長くつかいました。

†トレペ着想法

グリッドの大きさの根拠についてはこのような理由ですが、トレペがもつ機能はほかの用紙では絶対にまかなえないほど、すぐれたものです。

じつは、図面を見ながらの打ち合わせの際に、トレペを持参する建築家は少なくありません。というのも、図面の上にトレペを敷いて、そこに変更部分を描くためです。いちいち図面を描き直す手間が省け、いろいろな案を検討できます。この点が、アイデアの本質にかかわります。

ゼロからなにかを生み出せるならば、もちろんすばらしいことです。しかし、スタートがゼロである必要はかならずしもありません。現実的には少なからず、すでに似たようなモノやコトが存在します。既存のカタチや機能を参照しながらアイデアを練り、創意工夫をおこなっていくなかで、革新的なカタチを発見したり、斬新なシステムを見出したりしていくのです。

トレペを利用してアイデアをひねり出す、簡単な流れをご紹介しましょう。なんらかの商品がありますが、それを改善したいと考えています。まず、その形状やメカニズムをしっかり把握するために、紙の上にスケッチします。紙でなくて最初からトレペの上に描いても、もちろんOKです。鉛筆でもボールペンでもかまいません。

時間がないので下の元図は写真コピーではダメか、と思われるかもしれませんが、スケッチすることで見えてくるものは非常に大きいのです。あっさりとでもいいですから、自分の手で線描か、せめてトレースしたいところですね。

その上にトレペを重ねます。曇りガラスのような感じですが、下の線はしっかり見えます。その透けて見える元のカタチを意識しながら、気になっている部分や部品相互の関係性などを、上のトレペに描きこみます。重ねたトレペは固定しているわけではないので、上下左右自在に動かせます。元のカタチをなぞって少し動かすだけで、位置関係が変化したとき、どのようなことが起きるか、トレペをつかえばよく理解できます。

またたとえば、ある商品の前面にタマゴのような有機的な曲面をつくりたいとします。それを拒む要因はなんであるかを探ります。なんらかのパーツが面から飛び出してしまうとか、曲面そのものを構成する部材の強度の問題からといった具合です。原因が仮にわかったとしても、解決する手立てをすぐに発見できないことが往々にあります。

そうしたとき、トレペをつかい、原因と思われるパーツを上からささっとトレースします。そして向きを変える、回転させるなど、紙ならではの手軽さでいろいろと試すことができます。すると、ある角度に配置しなおすことで突起物がなくなり、タマゴ型の曲面がつくれることが発見できた……トレペをつかうと、このようなことをしばしば経験します。

†つくば万博での利用実例

ここまでご説明した一連の流れは、課題や問題点が明確なときに、改善の糸口をつかむための最善策です。

私の関わってきた都市設計では、限られた用地や空間の中に、さまざまなインフラや建物を複合的に組み合わせてコンパクトに一体化できるかという課題とたえず向き合ってきました。つくば万博の仕事を担当したときにも、会場設計の具体化にあたってこの手法を大いに活用しました。

たとえばゲート周辺の広場の大きさを初期段階でざっと決めて、開会時のシミュレーションをおこなう必要がありました。そのときにつかった会場図のサイズは、畳にして2枚分くらいの大きなものです。大まかな用地境界線だけは入れてはありましたが、基本的には、なにも描いていないに等しい図面です。

まずは作業準備です。推定されるゲート利用者数を概算ですが算出し、次に海外の万博事例を遡って調査しました。想定ではありますが、ゲート別の入場者数を配分し、参考になるかどうか見極めます。ちょうど同じような想定数の来場者があった事例を見つけると、そのゲート関連の施設や会場の図面を入手します。図面が手に入らなくても、航空写真などなんらかの手がかりは得られましたから、私たちが検討している会場敷地図と同じサイズになるように、拡大縮小コピーであわせました。この海外事例のコピーを、粘着力の弱いスプレーノリで貼りつけて、つくば万博の会場図に置きます。

ここでトレペの登場です。会場図の上にロールのトレペを載せ、目安となるゲートの施設や広場などを軽く鉛筆で写し取ります。そして用地の形状などを見極めつつ、トレペを上下左右に動かしながら、合理的なゲート施設を、いくつかの図案として作成し、選び出したわけです。

この作業は、会場設計の相当に早い段階でおこないました。土地の利用配分と配置の方向付けをするための出発点です。なんらかのお手本あるいは実績ある空間データを参考にすることで、いくつものリアリティある案を得ることができました。

トレペをつかったことで、相当に時間が短縮できました。ふつうにおこなっていたら、検討時間が圧倒的に不足したばかりか、スケール感覚を間違えたゲート施設や広場の大きさを設定していたかもしれないのです。

カタチあるものが対象なら、一部を移動させる、伸縮させる、回転させるなどの組み合わせによって、不可能だった機能を追加したり、美しい造形に変化させたりすることができるものです。ある種、単純な操作ともいえますが、これを通常の紙媒体をつかっておこなおうとすると面倒です。もちろんパソコンにも同様のことをおこなうためのソフトがありますが、高価だったり作業のスキルが必要だったりします。複数の関係者が同時に図面を見ながら議論して、意見はすぐに反映させるという作業は、パソコンにはまだまだ不向きでしょう。その作業を安価に、実にスムーズにできるのが、トレペなのです。つかうのは鉛筆など日常文具ですし、コピー機くらいしか機械はつかいません。

†トレペ着想の泣きどころ

もう一度、図61に戻ります。この例では、ラフなスケッチというよりも図面のように、しっかりサイズまで決めて描いたように見えますね。ところがそうではありません。このスケッチを得るまでに、その下には何枚もトレペが重なっていて、検討の跡を意識しながら描きました。また斜めの線などは、グリッドを手がかりに引いていますから、とくに定規などをつかわなくても、ほぼ正確なサイズを入れてスケッチできました。

トレペをつかえば、ラフな形状から開始しても、まるで図面のように寸法まで盛りこんだ立体が、短時間で描けるわけです。

図62をご覧ください。図61のスケッチはやや硬い印象でしたが、こちらはもっと軟らかい雰囲気ではないでしょうか。毎日いくつもラフスケッチを描いていた三十代のころのものです。絵の縮尺はまちまちで、都市の複数街区にまたがる非常に大きなスケールから、

図 62

数メートルの大きさのものまで、1枚に雑多に描いています。人に見せてプレゼンするためのスケッチではありません。頭の中のイメージをカタチにするためのアイデアスケッチ、スケッチメモですから、思いつくままアラカルト的ですし、綺麗に描いてはいませんので、その点はなにとぞ留意ください。

こうしたラフスケッチも、最初は原初的なカタチからスタートです。上にトレペを1枚敷き、イメージの手がかりを線で加えます。その作業をおこなっているうちに、ハッと気づくことがかならずでてきます。すぐにもう1枚トレペを上から重ね、そのイメージへと変形させて描きます。以下、この繰り返しです。図61も図62も、それを繰り返したスケッチなのです。

けれど、トレペにも泣きどころがあります。ひとつは、下の絵柄や図が読めることからわかるように、紙が薄いこと。つまり紙のコシが弱いのです。耐久性も強くはありません。私はトレペで描いたスケッチをそれほど保存していませんが、そもそも保存しにくい紙であることもその理由です。

保存性と並んで、機動性にも難点があります。紙自体が弱いので、用紙を持ち歩くと、すぐにシワがついたり、折れたりして、つかいづらくなります。これは大きな用紙サイズで持参すると顕著です。また水が表面に付着すると、たちまち、その部分だけが波打って盛り上がったようになりつかえなくなります。まれにではありますが、トレペを無防備に袋に入れて持ち歩いていて、急に雨が降り出したりすると大変なことになります。

一般的な複写機では、コピー用紙として給紙トレイにトレペを入れてつかえないことも弱点でしょう。薄すぎるので、ローラーが1枚ずつ送り出せず、紙詰まりを起こしてしまいます。同様に、フィーダ（自動原稿送り）機能で連続コピーもできないでしょう。以上のように、トレペと付き合うにはちょっとばかり不便も覚悟しなくてはなりません。

†トレペと一緒に常備したい道具

トレペと仲良く付き合うのに、透明なホルダーを備えておくと便利です。トレペは薄く、すぐに丸まってしまいます。だから透明のシートにはさんで保存します。透明のホルダーは、トレペを原稿にして1枚ずつコピーするときにも役立ちます。丸くなってしまっては、コピー機のガラス面に用紙をセットするのに苦労しますが、ホルダーに入れておけば丸まりませんし、透明なのでそのままコピーできるのです。

イメージをスケッチしたり、アイデアをふくらませたりするのに、トレペはとてもすぐれた素材です。ささっと線を引くツールには特段の条件もありませんから会社に常備された筆記具で問題なく描けます。ただし、濃い鉛筆は避けてＨＢくらいの使用がいいでしょう。芯が軟らかい鉛筆では、紙と紙や手とのこすれで、トレペ表面が次第に黒ずんできて見苦しくなってしまうからです。

私はトレペによるスケッチを、原則としてデスクワークのときに限定しています。線は鉛筆またはドローイングペンで引くことが多いです。スケッチの範囲を特定しないことが多いので、いまは用紙サイズを限定しないロール状のものを用意しています。ロールの幅は28センチですが、仕事の性質によっては、もう少し幅広のものがつかいやすいかもしれません。

トレペにあまり馴染みのない方は、いきなりロール状のトレペを購入されるよりも、メモ帳的な、カットされたものをつかうと勝手がよいのですが、トレペ着想の特長は、用紙を上下左右に動かすことにあります。なので、描くスケッチは大きくなくても、あまり小さなサイズは避けるほうがいいでしょう。

それと、粘着力が弱いドラフティングテープやマスキングテープ（マステ）を脇に置いておくと便利です。しっかりと紙を押さえられればいいのですが、トレペを3枚、4枚と重ねてスケッチしていくと、位置が少しずつずれてしまいます。ずれていることに気づかなければ描きなおさざるを得ませんから、時間の無駄になってしまいますね。それを防ぐために、トレペの隅を軽く留めておきます。トレペは薄いですし、位置を動かして検討したりもするので、接着が弱くてきれいにはがせるものがいちばんです。最近はマステがブームで、文具店にはいろいろな大きさや柄のマステが売られています。きれいな柄を選べば、気分が楽しくなって新しいアイデアがわいてきそうです。

トレペ着想の利点をまとめましょう。まずは手がかりになるカタチや関係性を用紙に描いておきます。次に、トレペを重ねて、移動、回転、拡張したい部分を描きます。比較・検討の際にはトレペを何枚も重ねて、描きながら可能性を考えますが、いちいち消したりしなくても、下の線が見えていますから、比較案をいろいろとつくることができます。そうするうちに、飛躍的なアイデアが得られます。私の経験からすれば、これは確実です。最終的には、幾重にも重ねたトレペを透かして見ながら完成形を写し取ります。

第六章

仕事スケッチの文具考

――機能性と機動性のバランスが大事

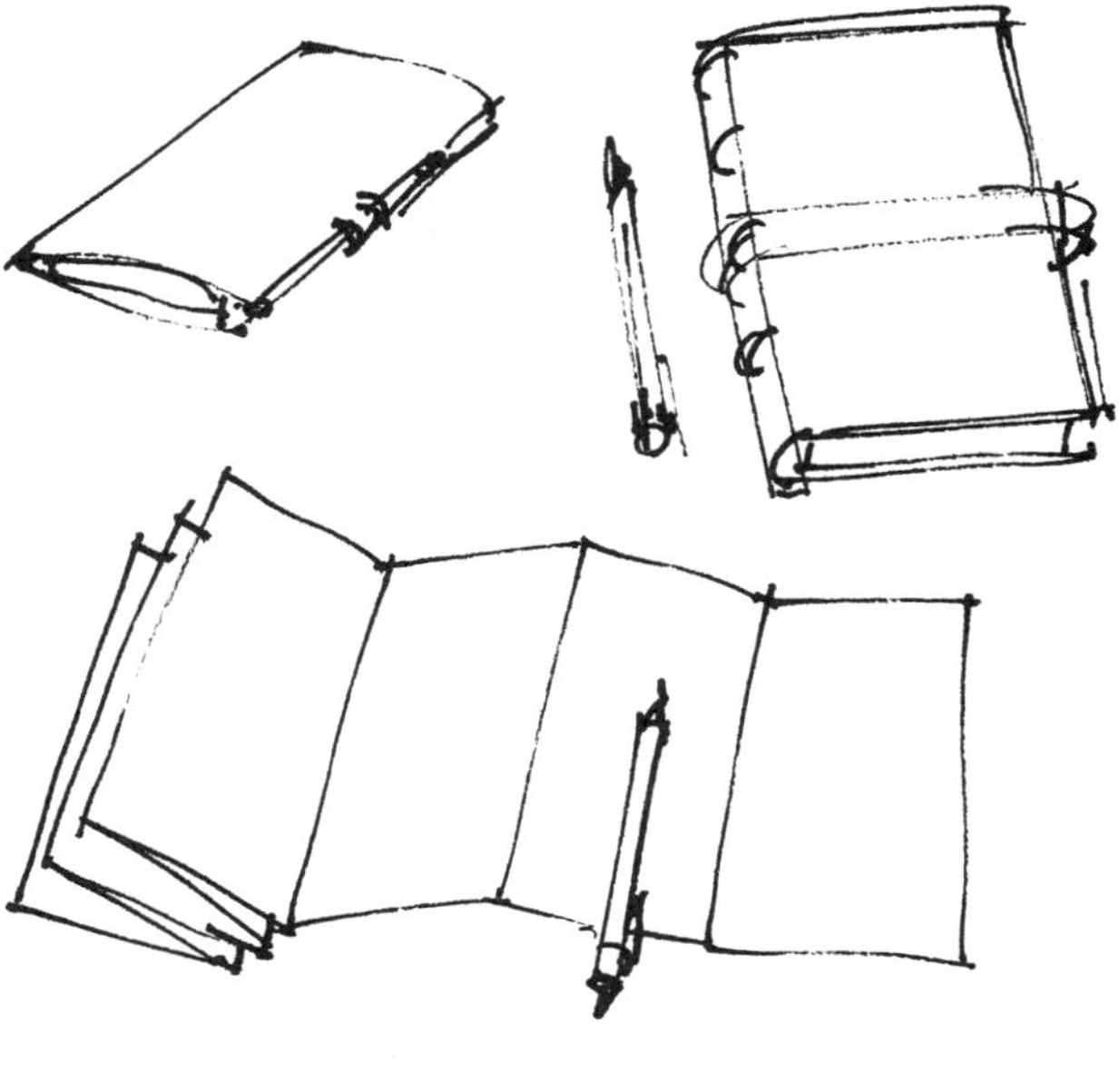

書き留めるというのは日常的なものですから、筆記具のほんのちょっとした不具合でも、その積み重ねによって、仕事効率に大きな差がでてくるものです。筆記具が会社に常備されていたとしても、つかい勝手が悪いならば文具店に行って、自分がつかいやすいものを選び、自費で購入するべきです。自分で買えば愛着がわきますから、もっともっとつかいたい気持ちになってきます。人によっては文房具マニアになるかもしれませんが、趣味が増えれば人生の楽しみがふくらむというものです。

†機能性と機動性

仕事につかう筆記具選びで考えたいのは「機能性」と「機動性」です。機能性とは、使用目的に応じた大きさや性能の文房具をそろえる、ということですが、趣味的な要素も加えるといいのではないでしょうか。「昨日買ったボールペンの発色はどうか」「あのノートの書き味は、ペンによってどう変わるか」などを楽しみにすれば、つかいやすいのはもちろん、なによりも気分がよくなるので、仕事にも張り合いがでます。デスクワーク中心の方なら、手が届く範囲に文房具をおいておけますから、なくす心配もありません。

次に「機動性」です。外出先で立ち書きすることも多いのでキャップ式よりノック式のペンがいいとか、ペンケースを持ち歩くのでクリップは不要だとか、人によっていろいろな条件があるでしょう。携帯するものは少ないほうがカバンは軽くなりますから、持ち歩く文房具は最少にするのがいい……ともいいきれません、こちらも文房具による高揚感を得たいところです。

「機能性」と「機動性」は車の両輪のようなものです。どちらかに偏重すると、それほどの効果が得られない可能性が高くなります。バランスよく組み合わせることで、仕事が楽しくなり効率があがるのなら、その出費はぜんぜん惜しくないはずです。

†転がりやすい筆記具はダメ

ビジネスの現場では、過酷な状況下で取材することが頻繁にあります。風雨の強いときに施設見学に行くこともあれば、撮影や測量とヒアリングを同時におこなうこともあります。心配な要素を挙げればキリがありません。だからこそ、工夫もしますし、小さな失敗の積み重ねが今日のツールの組み合わせでもあります。

私が考えたいのは筆記具の転がりやすさについてです。たとえば、営業でも出張でも、さまざまな交通手段で移動しますね。私も、かなり頻繁に鉄道や航空機をつかってきましたが、出張中に苦い経験を何度もしました。線路のポイント箇所の通過や旅客機の上昇、バス走行中のカーブやブレーキで、筆記具が転がり落ちたことが何度もあります。すぐに座席の下を探します。円筒形の筆記具は、落下地点から思いもよらない距離に転がっていってしまいます。けっきょく発見できなかったこともあります。混んでいると、なおさら身体を動かしづらく、座席の下をあちこち探すのは大変です。そうしたときに貴重な筆記具を失うわけです。

予備は持参していますが、インクが空になるリスクもありますから、出張先で筆記具を失うダメージは大きなものでした。

出先でなくても、打ち合わせや会議でテーブルから筆記具が床に落ちることもよく起きます。これまた、拾おうとすると大変です。ロの字型にテーブルをセッティングし、真ん中のスペースが布で覆われた会場での会議に出席したことがありました。その真ん中に、私のペンが転がり落ちてしまったのです。出席者たちの視線がころころと転がるペンに集中して、気まずい恥ずかしい思いをしました。私のペンはすぐそこに見えているのですが、拾うことができませんでした。

転がりやすい筆記具は、どんなに見栄えがよくデザインがすぐれていてもつかわないという経験則を得ました。キャップをつけた状態ではクリップ部分が突起になるため転がりにくいのですが、要注意なのは使用中のキャップをはずした状態です。無防備なまで円筒形になります。

†市販手帳の広い選択肢

ビジネスマンにとって手帳は必須アイテムです。みなさん自分の仕事にあったスタイルで手帳をつかいこなしています。

最近では、洪水と見間違えるほどの種類の手帳が、毎年夏から秋にかけて文具店に並びます。スケジュール管理のためのダイアリーやTO DOメモ、打ち合わせのポイントを書くためのメモ帳、付箋などを入れるためのポケットなど、お店にはさまざまな選択肢に応じた手帳が並んでいます。いずれもユーザーの声をかなりよく反映し、つくりこまれたものが多く、私の若いころからは、あきらかに状況が一変しました。こういう状況下では、市販の手帳を選ぶことは、賢明な策かもしれません。価格的にも安価になっていますし、買えば手間もかかりませんから、トータルにみていい判断です。

私は、年齢や実績に応じて、あるいはプロジェクトへの関わり方やポジションによって手帳のつかいかたを変えてきました。市販の手帳をつかい続けたことも10年ほどあります。外国製でしたが、B5サイズで携帯性と機能性にすぐれていました。当時もてはやされた加除式のシステム手帳で、3・5ミリメッシュの方眼紙をセットし、短いシャープペンシルをゴムバンドで留めていました。相当短いペンでしたからつかい心地はよくなかったのですが、携帯性や耐久性を優先させました。書きやすくて、こすれば消えるゲルインキのボールペンが、当時もし商品化されていたら、間違いなくつかっていたでしょうね。

†こだわりのオリジナル手帳

私の仕事は、一般的なカレンダーでの管理に向きませんでした。中心となる仕事スタイルがプロジェクト方式であったためです。2年以上にまたがる大型事業もあります。つくば万博では、5年半も専従でした。年単位で更新する一般的な手帳では、スケジュール管理が難しいものでした。

私は、トータルするとオリジナルの手帳でスケジュール管理していた時期のほうがはるかに長いです。そんな長年の工夫や失敗から、私がこだわる手帳のポイントはふたつあります。ひとつはA4サイズと連携できること、もうひとつはエンドレスなことです。

簡単にご説明します。私は手帳に資料をはさんだり、スケジュールの一部をコピーして別の目的につかうことも多いので、Ａ４サイズの用紙との整合性をうまく図りたいと工夫しました。とはいえ、手帳は持ち歩くものですから、極力軽いことが大前提になります。コンパクトなサイズとＡ４サイズとの連携を両立させるのは、なかなか難しい。

結果、Ａ４サイズをふたつ折りにしてＡ５サイズのカバー（カスタマイズしていますから、市販されていません）にはさんでいます。打ち合わせで渡されるレジュメは、だいたいＡ４サイズなのでぴったりとおさまります。セットしているのはグリッドの方眼紙で、アイデアのメモ書き、スケジュール管理などに利用します。

スケジュールは、同じＡ４方眼紙を単純に十字に区切って書きこんでいます。メッシュが入った紙をつかっているので、簡単に直角が引けます。横軸には日付を、縦軸には仕事の流れを記入します。十字の交点が真ん中にくる必要はないですから、縦軸と横軸が交わる上下位置は、そのときの仕事のボリュームしだいです。横軸の単位も月・週・日（時間）と自在に変更できて、紙をつなげればエンドレスになります。

このくらいの自由度のあるほうが、私は結果的に長くつかえます。

以前は、ノートなどと一緒にどんどん増える過去のダイアリーも全部ファイルして持ち歩いていたので相当に分厚く、見るからにかさばる手帳でしたが、いまは過去のダイアリーを、ある程度で抜き取って、3つに折り、別のA6ファイルに整理しています。その際に、第五章でご紹介した写真メモと同じように画像にしてエクセル管理もしています。

市販の手帳にも、エンドレスなスケジュール管理ができるものがでてきています。今後はエンドレスな手帳の種類がさらに増えると期待できます。

†ドローイングペンの表現力

当然のことながら、ペンにどのような機能や性能を求めるかによって、つかう筆記具は違ってきます。仕事の内容や好みの差が現れる部分です。

まず一定の線の幅を引きたい場合には、迷わずドローイングペンでしょう。多くのメーカーから商品が出ています。ドローイングペンという名前からもわかるように、製図で線を美しく引けるように工夫されたペンです。技量の差を感じさせない、美しい線が引けますからおすすめです。通常は、0・2ミリか0・3ミリの線幅のドローイングペンの出番が多いでしょう。0・05ミリといった極細のドローイングペンなら、繊細で緻密な描画が可能です。

図 63

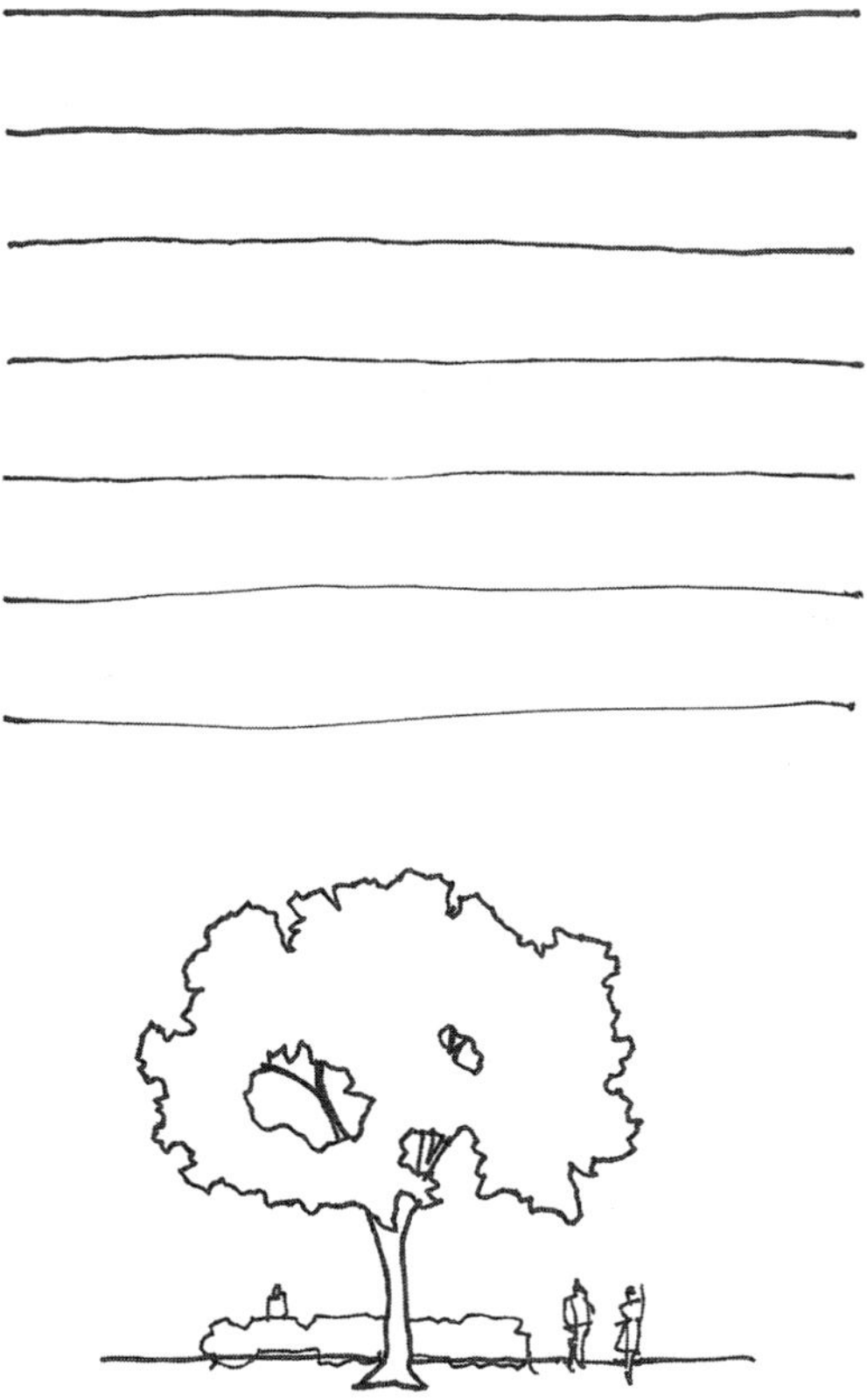

図63をご覧ください。いちばんの下の絵は紙面の都合で縮小していますが、木の部分の太さと人物の細さが対照的なイラスト風スケッチ。その上には、さまざまな太さの線を引いています。いろいろな太さの線になっていますが、どれもじつは0・3ミリ幅のドローイングペン1本しかつかっていません。この違いはどこからくるかといえば、主に筆圧とペンを走らせるスピードです。強めの筆圧で、ゆっくりとしたスピードで引くと、線幅は太めになります。熟達すると、1本のドローイングペンだけでも、かなり表情豊かなスケッチが描けます。

少し脱線しますが、図64をご覧ください。じつはこの風景スケッチも1本のドローイングペンで描きました。建物の外形線の太さと樹木のやわらかい線の細さを描き分けています。ご覧になった方のほとんどが、ペン幅の太いものから細いものまで数本を使い分けて描いたのではないかと思われるようです。

もともとドローイングペンは、一定の幅の線を容易に引けることが特徴ですから、線幅を変えたければ必要な太さのペンをそろえるのが正道です。ですが、ドローイングペンには、もうひとつ、インクの出がなめらかであるという特質があって、それをうまく引き出せば、線を自在に描きわけることが可能なのです。

図64

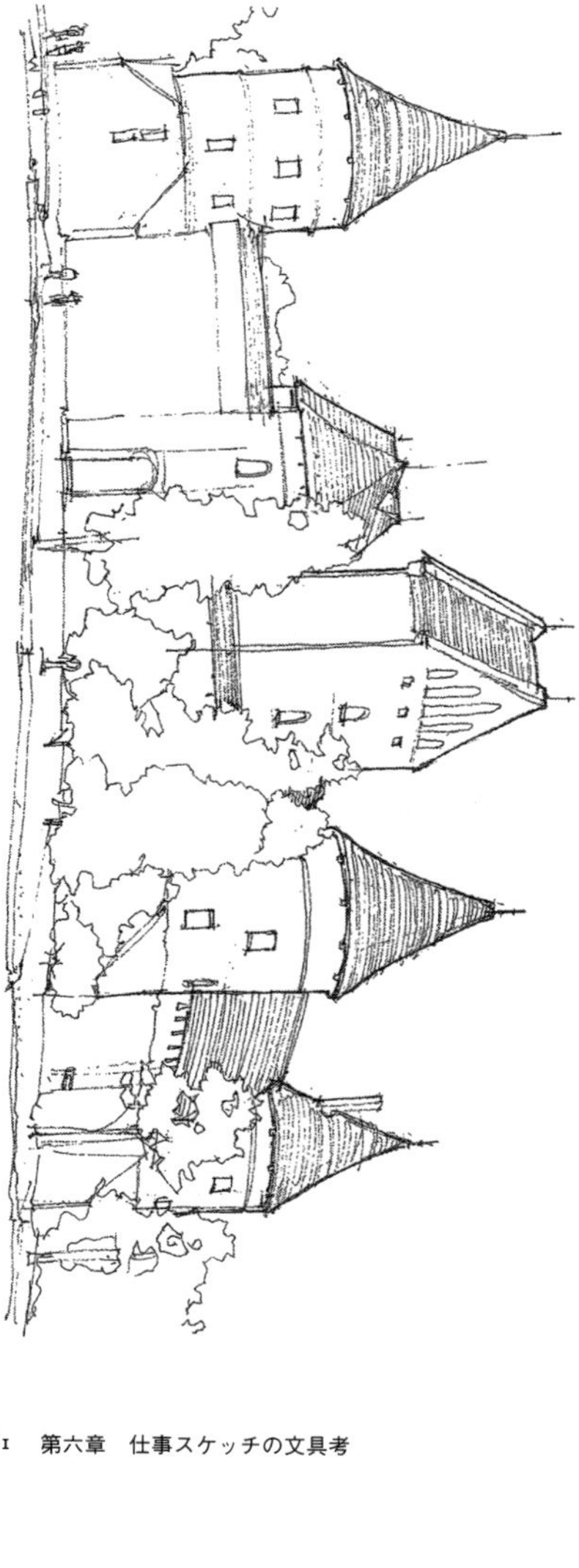

†万年筆でスケッチ

万年筆がリバイバルブームになっています。1000円程度の安価で、書き心地のいい入門用の万年筆が店頭に並んでいます。太さも選べますし、なによりインクの種類が豊富で入れ替えられます。

ペン先が少しずつ持ち主の書き方に馴染むので、つかえばつかうほど自分好みの筆記にかわります。

立ち書きにも対応するように、キャップレスのノック式万年筆もあります。私もキャップレスの万年筆を愛用しています。手帳用として常用する方も増えていることでしょう。万年筆もスケッチにつかいたいところですが、どうでしょうか。

図65は、1本の万年筆で、身近な素材をラフに線描したものです。縮尺はバラバラです。全体にやわらかい線での表現になりました。

もう少し複雑な形状を描いたのが図66上です。精密描写ではなく、せいぜい1分程度で描きました。スケッチに適した他のペンに比べると、どこかぎこちない表現になっています。私のノック式万年筆はインクの出量も豊富なほうだと思います。よくいわれるような

図 65

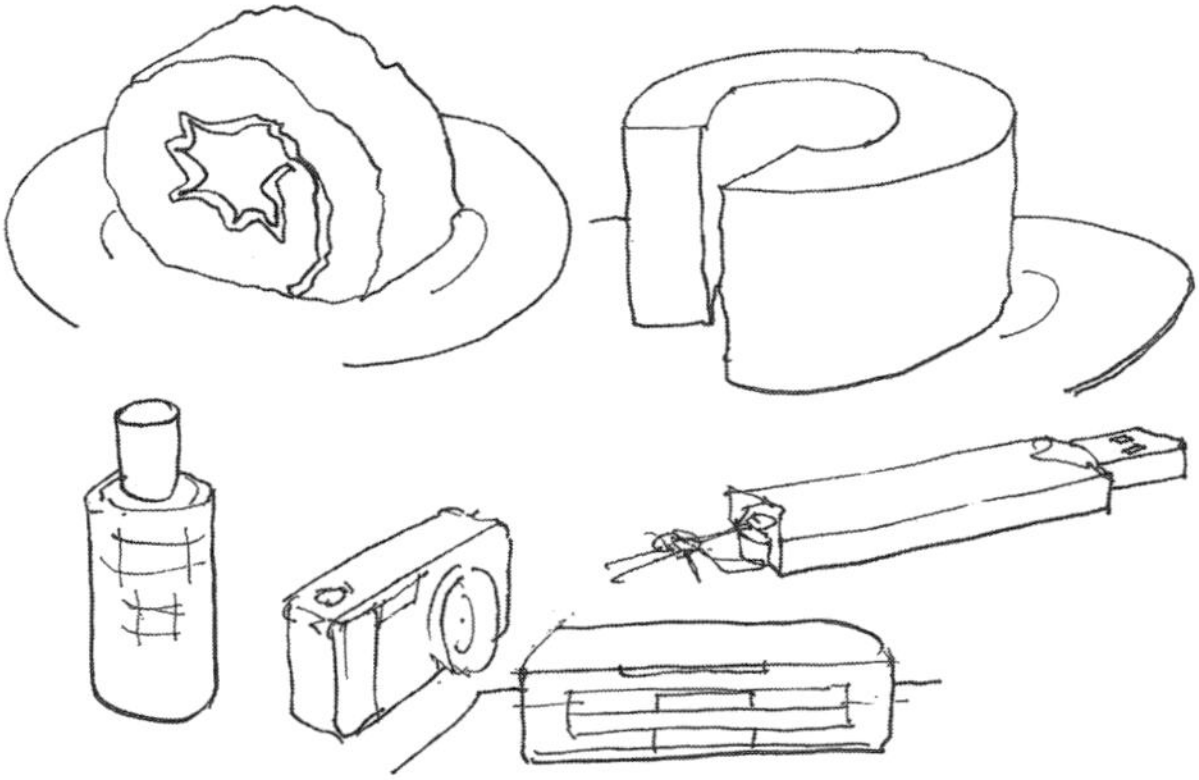

ヌラヌラとした文字が書けます。それでも、ペン先を早く動かすと、線がかすれてしまいます。私の描くスケッチは、文字筆記よりもはるかに速くペンを動かすものですから、万年筆の評価は辛口にならざるを得ません。

図66下に、同じ対象を鉛筆で線描写してみました。鉛筆による表現は、線だけでなく、面の塗りにも対応しやすいです。部分的に帯のような線をつかい、立体的な形状であることを暗示するように表現しています。鉛筆だと、こういうワザも可能です。鉛筆による線描は、かなり表現の幅が広く、一見すると線だけで描いているスケッチに見えても、じつは面の要素も加味した線描だったりします。

図 66

†高性能インク

最近のペンでとくにインパクトが強いのは、書き損じてもラバーでこすれば消えるボールペンです。摩擦熱によって色が消せるというスグレモノです。このインクは、蛍光ペンや色鉛筆にも応用されています。私もこのペンを常用してスケッチもしますが、とても便利です。

このペンは、温度によって変化する特別に開発されたインクを活用した商品ですが、インクの分類では、ゲルインキ（ジェルインクなどメーカーによって呼び方はさまざまあります）という種類です。ゲルインキ自体は、油性と水性のよいところをあわせもつインクとして、各社から商品が発売されています。

かつての油性ボールペンは、紙への定着はいいのですが、インクの出量が一定せずに塊（いわゆるボテやダマ）があったり、線を引くのに重さを感じたりしました。いっぽう水性ボールペンは、万年筆のように力を入れずにスラスラ書けますが、乾きが遅いうえ、水に流れてしまうもの、時間や光で退色してしまうものもありました。

最近は、油性ながら水性のなめらかさをもったペンが、各メーカーから発売されていま

図 67

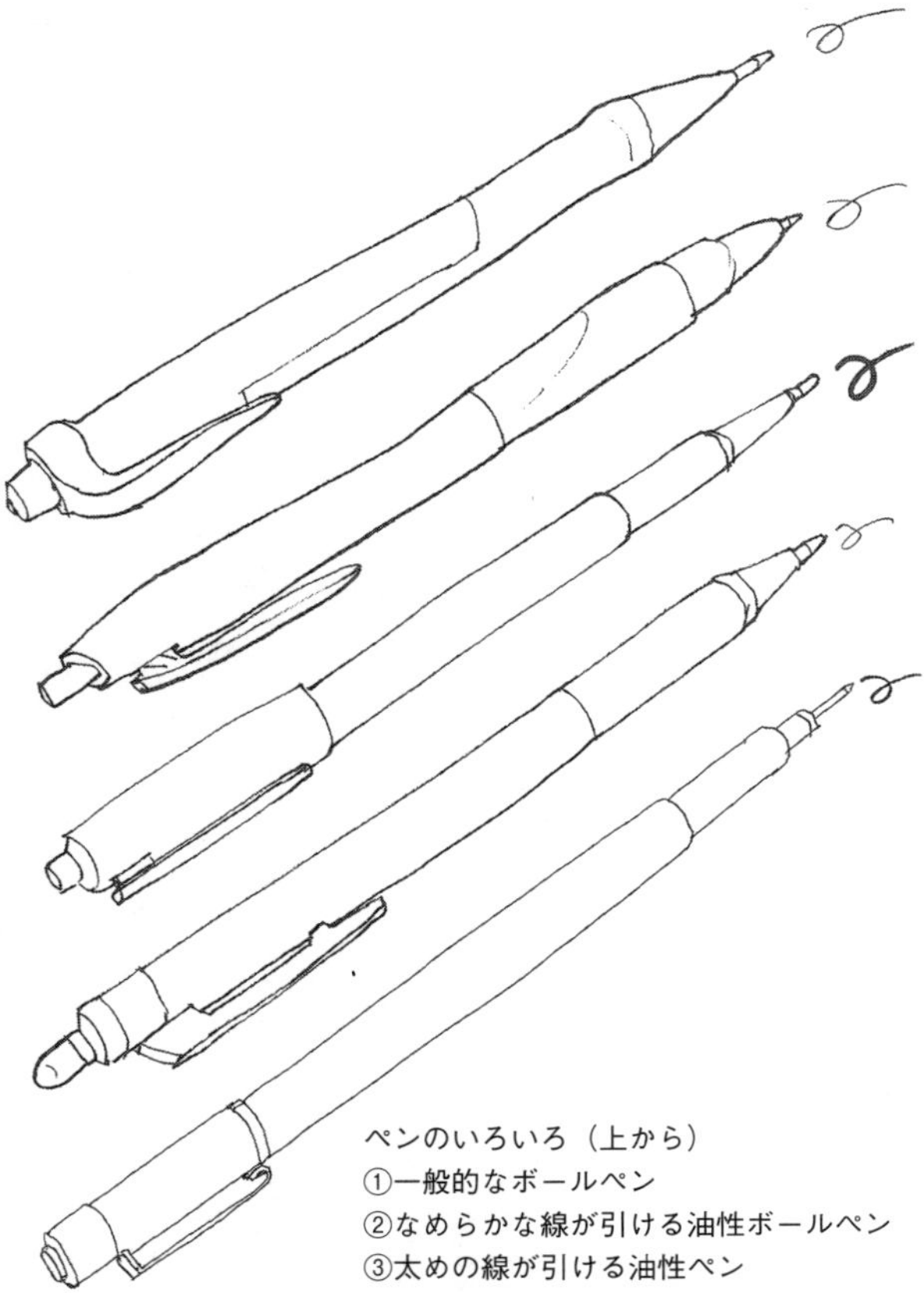

ペンのいろいろ（上から）
①一般的なボールペン
②なめらかな線が引ける油性ボールペン
③太めの線が引ける油性ペン
④消せるボールペン
⑤一定の幅の線が引けるドローイングペン

す。水性ながら乾けば耐水性を発揮して水彩を重ねられるペンもあります。水性と油性の特長を備えたゲルインキは、裏写りやにじみが少なく書き味がよいので、メーカー各社が開発にしのぎを削っています。ここ数年の大きな変化です。

用途が限定されたペンをつかわざるを得ないときは、あきらめ気分で渋々……という昔の記憶が強く残っている私ですが、のびのびとした線が引ける各種ペンの登場によって、いまではどれも快適なツールになっています。

おわりに

スケッチの本質は、手軽に、即座に、伝えたいことを表現できることにあります。特殊な道具はいりません。

本書では、ことばを超えるコミュニケーションスキルが、スケッチによって可能になることをご説明したつもりですが、果たして意図はかなえられたでしょうか。

さすがにあまり美しくないスケッチは載せていませんが、私も他人が見たらさっぱりわからないような雑な絵をしばしば描いています。自分以外の人が見ることをまったく想定していないからですが、描いている私はしっかりイメージできています。

そうなのです。たとえ稚拙であっても、スケッチの習慣によって、まずは絵で考えるということを身につけてほしいのです。そのうえで描写のテクニックを工夫すればよいのです。表現技術は、ちょっとでもあいた時間があれば、いつも携帯している筆記具で練習できます。そうするうちに、本書の目標である「ビジネスに貢献できるスケッチ」に近づいていきます。

本書のテーマは、個別に記述するとかなり広範囲にわたりますから、話が拡散ぎみになりましたが、それもスケッチをつかう場面が思いのほか多いことの裏返しです。どうぞ本書を読んでスケッチのファンになっていただき、ぜひ仕事にもいかしてもらいたいと思います。

ちくま新書編集部の松本良次さんには、仕事スケッチの活躍の場がいかに広く、多面的であるかを記述する上で多くの示唆をいただきました。最後に紙面を借りてお礼申し上げます。

ちくま新書
1106

ビジネスに効《き》くスケッチ

二〇一五年一月一〇日　第一刷発行

著　者　山田雅夫（やまだ・まさお）

発行者　熊沢敏之
発行所　株式会社 筑摩書房
東京都台東区蔵前二-五-三　郵便番号一一一-八七五五
振替〇〇一六〇-八-四一二三
装幀者　間村俊一
印刷・製本　株式会社 精興社

乱丁・落丁本の場合は、左記宛にご送付下さい。
送料小社負担でお取り替えいたします。
ご注文・お問い合わせも左記へお願いいたします。
〒三三一-八五〇七　さいたま市北区櫛引町二-六〇四
筑摩書房サービスセンター　電話〇四八-六五一-〇〇五三

ISBN978-4-480-06808-8 C0271

ちくま新書

1056 なぜ、あの人の頼みは聞いてしまうのか？ ——仕事に使える言語学 堀田秀吾

頼みごと、メール、人間関係、キャッチコピーなど、仕事の多くは「ことば」が鍵！ 気鋭の言語学者が、ことばの秘密を解き明かし、仕事への活用法を伝授する。

1092 戦略思考ワークブック【ビジネス篇】 三谷宏治

Suica自販機はなぜ1・5倍も売れるのか？ 1着25万円のスーツをどう売るか？ 20の演習で、明日から使える戦略思考が身につくビジネスパーソン必読の一冊。

1006 高校生からの経済データ入門 吉本佳生

データの収集、蓄積、作成、分析。数字で考える「頭」は、情報技術では絶対に買えません。高校生でも、そして大人でも、分析の技法を基礎の基礎から学べます。

839 実践！ 交渉学 ——いかに合意形成を図るか 松浦正浩

問題に関係している人全員のメリットを探求する学問、「交渉学」。身近なところから国際関係まで幅広く使えるその方法論と社会的意義をわかりやすく解説する。

820 仕事耳を鍛える ——「ビジネス傾聴」入門 内田和俊

職場やビジネスが活性化するかどうかは、普段の「聴き方」に鍵がある。私たちの自己認識を高め、肯定的な結果へとつながる方法をプロコーチが伝授する！

807 使える！ 経済学の考え方 ——みんなをより幸せにするための論理 小島寛之

人は不確実性下においていかなる論理と嗜好をもって意思決定するのか。人間の行動様式を確率理論を用いて抽出し、社会的な平等・自由の根拠をロジカルに解く。

565 使える！ 確率的思考 小島寛之

この世は半歩先さえ不確かだ。上手に生きるには、可能性を見積もり適切な行動を選択する力が欠かせない。確率のテクニックを駆使して賢く判断する思考法を伝授！